中国网信事业发展大事记

（1994 年 4 月—2024 年 4 月）

中国网络空间研究院

学习出版社

图书在版编目（CIP）数据

中国网信事业发展大事记：1994年4月—2024年4月 /

中国网络空间研究院编著. -- 北京：学习出版社，

2024.12. -- ISBN 978-7-5147-1295-7

Ⅰ.F426.67

中国国家版本馆CIP数据核字第2024Y0K234号

中国网信事业发展大事记（1994年4月—2024年4月）
ZHONGGUO WANGXIN SHIYE FAZHAN DASHIJI(1994 NIAN 4 YUE - 2024 NIAN 4 YUE)
中国网络空间研究院　编著

责任编辑：夏　静
技术编辑：刘　硕
装帧设计：映　谷

出版发行：学习出版社
　　　　　北京市崇外大街11号新成文化大厦B座11层（100062）
　　　　　010-66063020　010-66061634　010-66061646
网　　址：http://www.xuexiph.cn
经　　销：新华书店
印　　刷：北京盛通印刷股份有限公司

开　　本：710毫米×1000毫米　1/16
印　　张：8.75
字　　数：105千字
版次印次：2024年12月第1版　2024年12月第1次印刷

书　　号：ISBN 978-7-5147-1295-7
定　　价：36.00元

如有印装错误请与本社联系调换，电话：010-66064915

目　录

中国网信事业发展大事记

（1994 年 4 月—2024 年 4 月）

中国网络空间研究院

编者按：科学技术是第一生产力，"计算机普及要从娃娃抓起"。没有信息化就没有现代化，"要实现中国式现代化，互联网这一关必须要过"。面对新一轮科技革命和产业变革，党和国家历史性地把握时代潮流，深刻洞察以互联网为代表的网络信息技术先导作用，重视互联网、发展互联网、治理互联网，我国网信事业取得历史性成就、发生历史性变革。2024 年是习近平总书记提出网络强国战略目标 10 周年，是我国全功能接入国际互联网 30 周年。为深入宣传习近平总书记关于网络强国的重要思想，我们编写了《中国网信事业发展大事记（1994 年 4 月—2024 年 4 月）》，全面展现自 1994 年全功能接入国际互联网以来我国网信事业发展成就，重点展示党的十八大以来我国从网络大国迈向网络强国的历史进程，现予刊发，以飨读者。

一九九四年

4 月 20 日 北京市中关村地区教育与科研示范网络（NCFC）连入国际互联网的 64K 国际专线开通，我国实现了与国际互联网的全功能连接。此前，1986 年 8 月 25 日，中国科学院高能物理研究所向欧洲核子研究中心（CERN）发出了电子邮件，邮件内容主要是关于计算机联网通信的试验成功，以及对诺贝尔奖获得者斯坦伯格教授访问北京表示感谢。1986 年我国开启国际联网项目——中国学术网（CANET）；1987 年 9 月中国学术网（CANET）在北京建成电子邮件节点，并于 9 月 14 日发出邮件 "Across the Great Wall we can reach every corner in the world"（越过长城，走向世界）；1993 年 3 月 2 日，中国科学院高能物理研究所接入美国斯坦福线性加速器中心的 64K 专线，成为中国部分连入 Internet 的第一根专线；1993 年 12 月，中关村地区教育与科研示范网络（NCFC）主干网工程完工，中国科学院院网（CASNET）、清华大学校园网（TUNET）和北京大学校园网（PUNET）3 个院校网通过高速光缆和路由器成功互连，成为我国早期互联网雏形。

5 月 15 日 中国科学院高能物理研究所设立国内第一个 Web 服务器，推出中国第一套网页。

5 月 21 日　中国科学院计算机网络信息中心完成中国国家顶级域名".CN"服务器设置，运行中国自己的域名服务器。此前，1990年11月28日，中国顶级域名".CN"完成注册并在国外建立了".CN"域名服务器；1993年4月，中国科学院计算机网络信息中心提出并确定了中国的域名体系。

5 月　国家信息化专家组成立，作为国家信息化建设的决策参谋机构。

5 月　国家智能计算机研究开发中心开通曙光 BBS 站，这是中国大陆的第一个 BBS 站。

7 月　由清华大学等 6 所高校建设的中国教育和科研计算机网（CERNET）试验网开通，该网络采用 IP/X.25 技术，连接北京、上海、广州、南京、西安 5 个城市，并通过中关村地区教育与科研示范网络（NCFC）的国际出口与 Internet 互联，成为运行 TCP/IP 协议的计算机互联网络。

8 月　由国家计划委员会投资，国家教育委员会主持的中国教育和科研计算机网（CERNET）正式立项。该项目的目标是利用先进实用的计算机技术和网络通信技术，实现校园间的计算机联网和信息资源共享，并与国际学术计算机网络互联，建立功能齐全的网络管理系统。1995年12月，中国自行设计的中国教育和科研计算机网（CERNET）示范工程建设完成。

一九九五年

1月 邮电部电信总局通过电话网、数字数据网络（DDN）专线以及 X.25 网等方式开始向社会提供 Internet 接入服务。

1月 由国家教育委员会主管主办的《神州学人》杂志，经中国教育和科研计算机网（CERNET）进入 Internet，向广大在外留学人员及时传递新闻和信息，成为中国第一份中文电子杂志。

4月 中国全球移动通信系统（GSM）数字电话网正式开通。

5月19日 中国第一家向社会提供互联网服务的企业"瀛海威"成立。

8月 金桥前期工程初步建成，在 24 省市开通联网（卫星网），并与国际网络实现互联。

9月25日—28日 党的十四届五中全会在北京举行。全会审议并通过《中共中央关于制定国民经济和社会发展"九五"计划和 2010 年远景目标的建议》，首次提出"加快国民经济信息化进程"的战略任务。1996 年 3 月 5 日至 17 日，八届全国人大四次会议召开，把推进信息化纳入了《国民经济和社会发展"九五"计划和 2010 年远景目标纲要》。

11月14日 邮电部发布《电信终端设备进网审批管理规定》，

自发布之日起施行。该规定明确对接入国家通信网使用的电信终端设备实行进网许可证制度，并对进网审批程序、进网许可证管理作出明确规定。

本年 国务院决定实施"909"集成电路专项工程。此前，1979年2月，我国成功研制每秒运算500万次的集成电路计算机——HDS-9；1979年9月，中国科学院半导体研究所成功研制4K DRAM大规模集成电路；1982年10月4日，国务院成立计算机与大规模集成电路领导小组，确定了我国发展大中型计算机、小型机系列机的选型依据；1988年，我国集成电路年产量达到1亿块，集成电路产业进入工业化大生产阶段。

本年 北京首钢NEC建立了中国第一座6英寸晶圆厂。此前，1988年浙江绍兴华越微电子有限公司建立了中国第一座4英寸晶圆厂。

一九九六年

1 月 中国公用计算机互联网（CHINANET）全国骨干网建成并正式开通，全国范围的公用计算机互联网络开始提供服务。1998年 7 月，中国公用计算机互联网（CHINANET）骨干网二期工程开始启动。

1 月 移动电话实现全国漫游。

2 月 1 日 中华人民共和国国务院令第 195 号《中华人民共和国计算机信息网络国际联网管理暂行规定》发布。1997 年 5 月 20 日，《国务院关于修改〈中华人民共和国计算机信息网络国际联网管理暂行规定〉的决定》发布并施行。2024 年 3 月 10 日，《国务院关于修改和废止部分行政法规的决定》公布，对《中华人民共和国计算机信息网络国际联网管理暂行规定》予以修改，自 2024 年 5 月 1 日起施行。

2 月 27 日 外经贸部成立中国国际电子商务中心，推动外贸电子数据交换，实施贸易单证电子化服务。

3 月 中国提交的中文编码的汉字统一传输标准，被国际互联网工程任务组（The Internet Engineering Task Force，IETF）通过为RFC1922，成为中国国内技术人员参与制定的第一个被 IETF 认可的互联网国际标准。

4 月 9 日 邮电部发布《中国公用计算机互联网国际联网管理办法》，自发布之日起施行。

4 月 国务院信息化工作领导小组成立。原国家经济信息化联席会议办公室改为国务院信息化工作领导小组办公室。

6 月 3 日 电子工业部发布《关于计算机信息网络国际联网管理的有关决定》，将"金桥网"命名为"中国金桥信息网"（CHINAGBN）。9 月 6 日，中国金桥信息网连入美国的 256K 专线正式开通。中国金桥信息网宣布开始提供 Internet 服务，主要提供专线集团用户的接入和个人用户的单点上网服务。

9 月 18 日 中国电信与新加坡电信 GSM 移动电话国际自动漫游协议在北京签署，移动电话国际漫游业务正式开通。

9 月 22 日 全国第一个城域网——上海热线正式开通试运行。

9 月 国家计划委员会正式批准金桥一期工程立项，并将金桥一期工程列为"九五"期间国家重大续建工程项目。

11 月 中国教育和科研计算机网（CERNET）开通到美国的 2M 国际线路。同月，开通了中德学术网络互联线路 CERNET-DFN，建立了中国大陆到欧洲的第一个 Internet 连接。

12 月 中国公众多媒体通信网（169 网）全面启动，广东视聆通、四川天府热线、上海热线作为首批站点正式开通。

一九九七年

1月1日 人民网开通上线。

3月14日 八届全国人大五次会议通过了新修订的《中华人民共和国刑法》，该法增加了非法侵入计算机信息系统罪和破坏计算机信息系统罪，自1997年10月1日起施行。

3月 国务院新闻办出台《利用国际互联网络开展对外新闻宣传暂行规定》。

4月18日—21日 全国信息化工作会议召开，确定了国家信息化体系的定义、组成要素、指导方针、工作原则、奋斗目标、主要任务，并通过《国家信息化"九五"规划和2010年远景目标（纲要）》，将互联网列入国家信息基础设施建设，提出建立国家互联网信息中心和互联网交换中心。

5月30日 国务院信息化工作领导小组办公室发布《中国互联网络域名注册暂行管理办法》，授权中国科学院组建和管理中国互联网络信息中心（CNNIC），授权中国教育和科研计算机网网络中心与中国互联网络信息中心签约并管理二级域名.edu.cn。6月3日，中国互联网络信息中心（CNNIC）成立运行，行使国家互联网络信息中心的职责。

6月19日　由国防科技大学研制的并行巨型计算机"银河－Ⅲ"通过国家鉴定，运算速度达到每秒百亿次。此前，1983年12月6日，中国第一台亿次巨型计算机"银河－Ⅰ"通过国家鉴定，填补了国内巨型计算机研制的空白；1992年11月19日，中国第一台10亿次巨型计算机"银河－Ⅱ"通过国家鉴定。

6月　公安部发布《计算机信息系统安全专用产品检测和销售许可证管理办法》，自1997年12月12日起施行，于2023年10月4日废止。

9月12日—18日　中国共产党第十五次全国代表大会举行。党的十五大报告明确提出，要发展新兴产业和高技术产业，推进国民经济信息化。

10月　中国公用计算机互联网（CHINANET）实现与中国科技网（CSTNET）、中国教育和科研计算机网（CERNET）、中国金桥信息网（CHINAGBN）互联互通。

11月　中国互联网络信息中心（CNNIC）第一次发布《中国互联网络发展状况统计报告》。报告显示，截至1997年10月31日，中国共有上网计算机29.9万台，上网用户数62万，".CN"下注册的域名4066个，www站点约1500个，国际出口带宽25.408M。

12月16日　公安部发布《计算机信息网络国际联网安全保护管理办法》，自1997年12月30日起施行。

一九九八年

2月13日　国务院信息化工作领导小组发布《中华人民共和国计算机信息网络国际联网管理暂行规定实施办法》，自颁布之日起施行。

3月　根据九届全国人大一次会议批准的国务院机构改革方案和《国务院关于机构设置的通知》，在原邮电部和电子工业部基础上组建信息产业部，主管全国电子信息产品制造业、通信业和软件业，推进国民经济和社会服务信息化。此前，邮电部于1954年9月正式成立。1982年5月，第四机械工业部、国家广播电视工业总局、国家电子计算机工业总局合并，成立电子工业部。

5月　国务院、中央军委正式批准建设中国长城互联网。

6月2日　首例直接破坏计算机硬件的病毒"CIH病毒"被发现。

12月　全国"八纵八横"光缆骨干网提前两年建成。

一九九九年

1月22日 国家经贸委经济信息中心和中国电信牵头，联合40多家部委信息主管部门，在北京召开了"政府上网工程"启动大会。"政府上网工程"主站点 www.gov.cn 开通试运行，"政府上网工程"正式启动。

1月 中国教育和科研计算机网（CERNET）的卫星主干网全线开通，大大提高了网络的运行速度。同月，中国科技网（CSTNET）开通了两套卫星系统，全面取代了 IP/X.25，并用高速卫星信道连到了全国40多个城市。

2月25日—27日 全国对外宣传工作会议召开，会议指出世界各国争相运用现代化信息技术加强和改进对外传播手段，中国必须适应这一趋势，加强信息传播手段的更新和改造，积极掌握和运用现代传播手段。

4月15日 新华社、人民日报社、中央电视台等牵头组织中国网络媒体会议，会议通过《中国新闻界网络媒体公约》，呼吁全社会尊重网上的信息产权和知识产权。

8月20日《中共中央 国务院关于加强技术创新，发展高科技，实现产业化的决定》发布，提出在电子信息特别是集成电路设计与制造、网络及通信、计算机及软件、数字化电子产品等方面加强技术创新。8月23日至26日，全国技术创新大会召开，贯彻部署落实上述决定。

9月6日 中国国际电子商务应用博览会在北京举行。博览会由外经贸部和信息产业部主办，是首次由中国政府举办的电子商务应用博览会。

9月 招商银行率先在国内全面启动"一网通"网上银行服务，成为国内首先实现全国联通"网上银行"的商业银行。

10月7日 国务院颁布《商用密码管理条例》，对商用密码产品的科研、生产、销售和使用进行专控管理。2023年4月27日,《商用密码管理条例》修订，规定网信、商务、海关、市场监督管理等有关部门在各自职责范围内负责商用密码有关管理工作，自2023年7月1日起施行。

10月 中共中央办公厅转发《中央宣传部、中央对外宣传办公室关于加强国际互联网络新闻宣传工作的意见》，这是党中央关于互联网信息内容管理的第一个纲领性文件，初步确立了互联网新闻宣传与管理的重大方针原则和目标任务，强调"归口管理、分级负责"，尽快建设"一批规模、影响较大的全球知名网站"，人民网、新华网等被列为中央重点新闻网站。

12月23日 国家信息化工作领导小组成立，国家信息化办公室改名为国家信息化推进工作办公室。

二〇〇〇年

1月1日　国家保密局发布《计算机信息系统国际联网保密管理规定》，自发布之日起施行。

1月18日　中国互联网络信息中心（CNNIC）推出中文域名试验系统。

3月30日　中国互联网交换中心开通，使中国主要互联网网间互通带宽由原来的不足10Mbps提高到100Mbps，提高了跨网间访问速度。

3月30日　中国证监会发布《网上证券委托暂行管理办法》。

3月　国务院新闻办公室增设网络新闻宣传管理局。

4月20日　中国国际互联网络新闻中心、新华网、新浪网、中国信息经济学会联合主办的21世纪中国互联网大会在北京召开。

5月17日　中国移动互联网（CMNET）投入运行。同日，中国移动正式推出"全球通WAP（无线应用协议）"服务。

5月　TD-SCDMA被国际电信联盟（ITU）确认为第三代移动通信TDD方式的标准之一，成为中国在移动通信领域提出的第一个国际标准。

5月　中国电信集团公司和中国移动通信集团公司挂牌成立，中国通信业实现政企分开。

6 月 24 日 国务院印发《鼓励软件产业和集成电路产业发展的若干政策》。2011 年 1 月 28 日，国务院印发《进一步鼓励软件产业和集成电路产业发展的若干政策》。2020 年 7 月 27 日，国务院印发《新时期促进集成电路产业和软件产业高质量发展的若干政策》。

7 月 7 日 由国家经贸委、信息产业部指导，中国电信与国家经贸委经济信息中心共同发起的"企业上网工程"正式启动。

7 月 19 日 中国联通公用计算机互联网（UNINET）正式开通。

7 月 25 日 我国自行研制成功高性能计算机"神威 I"，峰值运算速度为每秒 3840 亿次。

9 月 25 日 国务院公布《中华人民共和国电信条例》，自公布之日起施行。这是中国第一部管理电信业的综合性法规。

9 月 25 日 国务院公布《互联网信息服务管理办法》，自公布之日起施行。

9 月 清华大学建成中国第一个下一代互联网交换中心 DRAGONTAP，与国际下一代互联网络 Abilene、vBNS 等实现互联。

9 月 中国教育和科研计算机网网络信息中心在国内率先提供 IPv6 地址分配服务。

10 月 11 日 党的十五届五中全会审议通过《中共中央关于制定国民经济和社会发展第十个五年计划的建议》，明确指出"大力推进国民经济和社会信息化，是覆盖现代化建设全局的战略举措。以信息化带动工业化，发挥后发优势，实现社会生产力的跨越式发展"。

11 月 6 日 国务院新闻办公室、信息产业部发布《互联网站从事登载新闻业务管理暂行规定》，自发布之日起施行。

11 月 6 日 信息产业部发布《互联网电子公告服务管理规定》，

自发布之日起施行。

11 月 7 日 信息产业部发布《关于互联网中文域名管理的通告》，对境内中文域名注册、服务和管理加以规范，并明确授权中国互联网络信息中心（CNNIC）为我国中文域名注册管理机构。同日，中国互联网络信息中心（CNNIC）推出以 ".CN"".中国"".公司"".网络" 为后缀的中文域名服务。

12 月 7 日 由文化部、共青团中央、国家广播电影电视总局、中华全国学生联合会、国家信息化推进工作办公室、光明日报、中国电信、中国移动等共同发起的"网络文明工程"在北京启动。"网络文明工程"的主题是"文明上网、文明建网、文明网络"。

12 月 12 日 人民网、新华网、中国网、央视国际网、国际在线、中国日报网、中国青年网等获得国务院新闻办公室批准进行登载新闻业务。

12 月 21 日 我国成功发射第二颗"北斗导航实验卫星"，北斗一号系统建成，我国成为世界上第三个建成卫星导航系统的国家。

12 月 28 日 九届全国人大常委会第十九次会议表决通过《全国人民代表大会常务委员会关于维护互联网安全的决定》，将互联网安全划分为互联网运行安全和互联网信息安全。

二〇〇一年

1月1日　互联网"校校通"工程正式实施。

1月11日　国家药品监督管理局公布《互联网药品信息服务管理暂行规定》，自2001年2月1日起施行。

1月11日　信息产业部公布《电信服务质量监督管理暂行办法》。

2月　中国电信开通Internet国际漫游业务。

3月15日　九届全国人大四次会议通过《中华人民共和国国民经济和社会发展第十个五年计划纲要》，明确提出要努力实现我国信息产业的跨越式发展，加速推进信息化，提高信息产业在国民经济中的比重。

4月3日　信息产业部、公安部、文化部、国家工商行政管理局联合发布《互联网上网服务营业场所管理办法》，自发布之日起施行。4月13日，上述部门部署开展网吧专项清理整顿工作。

5月25日　中国互联网协会成立。

5月　信息产业部发布《信息产业"十五"计划纲要》，这是国家确立信息化重大战略后的第一个行业规划。

6月29日　中国人民银行发布《网上银行业务管理暂行办法》，自发布之日起施行。

6月 首届中国网络媒体论坛在山东青岛举行。

7月11日 中共中央举办"关于运用法律手段保障和促进信息网络健康发展"的专题学习。江泽民指出，要抓住机遇，加快发展我国的信息技术和网络技术，并在经济、社会、科技、教育、文化、国防、法律等方面积极加以运用。既要积极推进信息网络基础设施方面的建设，又要大力加强信息网络管理方面的建设，迅速而又健康地推进我国的信息网络化。

7月13日 网络蠕虫病毒"红色代码"（Code Red）被发现。该病毒专门针对运行微软互联网信息服务软件的网络服务器来进行攻击，不到一周的时间内感染全球近40万台服务器。信息产业部、公安部等有关部门采取有效措施制止了"红色代码"恶性病毒在我国计算机网络中传播。

7月29日 信息产业部会同有关部委共同研究制定《国家信息化指标构成方案》，旨在通过一系列指标来量化分析和评估国家及地区的信息化水平。

8月23日 中共中央、国务院决定重新组建国家信息化领导小组。领导小组下设国务院信息化工作办公室。

8月 中共中央、国务院批准成立国家信息化专家咨询委员会，负责就我国信息化发展中的重大问题向国家信息化领导小组提出建议。

8月 国家计算机网络应急技术处理协调中心（CNCERT/CC）成立，负责开展互联网网络安全事件的预防、发现、预警和协调处置等工作，维护中国公共互联网环境的安全，保障基础信息网络和网上重要信息系统的安全运行。

9月7日 《中国互联网络信息资源数量调查报告》发布，这是中国首次对网络信息资源进行调查。调查结果显示：截至 2001 年 4 月 30 日，中国互联网络的域名总数为 692490 个，网站总数为 238249 个，网页总数为 159460056 页，在线数据库的总数为 45598 个。

9 月　武汉大学计算机学院增设信息安全本科专业，正式面向全国招生，是全国高校开办的第一个信息安全本科专业。

10 月 27 日　九届全国人大常委会第二十四次会议通过修订后的《中华人民共和国著作权法》第十条增加"信息网络传播权"。

11 月 22 日　共青团中央、教育部、文化部、国务院新闻办公室、全国青联、全国学联、全国少工委、中国青少年网络协会发布《全国青少年网络文明公约》。

12 月 3 日　信息产业部在北京、上海、广州成立互联网交换中心。

12 月 11 日　国务院公布《外商投资电信企业管理规定》，自 2002 年 1 月 1 日起施行。2022 年 4 月 7 日，国务院公布新修订的《外商投资电信企业管理规定》，自 2022 年 5 月 1 日起施行。

12 月 20 日　国务院公布《计算机软件保护条例》，自 2002 年 1 月 1 日起施行。1991 年 6 月 4 日发布的《计算机软件保护条例》同时废止。该条例根据 2011 年 1 月 8 日《国务院关于废止和修改部分行政法规的决定》进行修订，根据 2013 年 1 月 30 日《国务院关于修改〈计算机软件保护条例〉的决定》再次修订。

12 月 20 日　由信息产业部、全国妇联、共青团中央、科技部、文化部主办的"家庭上网工程"正式启动。

12 月 20 日　中国十大骨干互联网签署互联互通协议，中国网民可以更方便、通畅地进行跨地区访问。

12 月 25 日　国家信息化领导小组第一次会议召开。会议指出，要高度重视，加强统筹协调，坚持面向市场，防止重复建设，扎扎实实推进我国信息化建设。

本年 国家计算机病毒应急处理中心（CVERC）成立。

二〇〇二年

3月26日 中国互联网协会发布《中国互联网行业自律公约》，推进建立中国互联网行业自律机制。

3月29日 国家标准化管理委员会批准组建全国信息安全标准化技术委员会。4月15日，全国信息安全标准化技术委员会成立大会暨第一次全体会议举行。

3月 中共中央办公厅、国务院办公厅印发《关于进一步加强互联网新闻宣传和信息内容安全管理工作的意见》，进一步强调互联网信息内容的安全管理，首次明确了国务院新闻办等各部门的职责分工，初步形成了各部门"各司其职、密切协作、齐抓共管"的互联网管理基本框架。

5月17日 文化部发布《关于加强网络文化市场管理的通知》。

6月27日 国家新闻出版总署、信息产业部颁布《互联网出版管理暂行规定》，自2002年8月1日起施行。该规定是我国网络出版领域首个部门规章。2016年2月4日，国家新闻出版广电总局、工业和信息化部公布《网络出版服务管理规定》，自2016年3月10日起施行。原《互联网出版管理暂行规定》同时废止。

7月3日 国家信息化领导小组第二次会议召开，审议通过《国民经济和社会发展第十个五年计划信息化重点专项规划》《关于我国电子政务建设指导意见》，讨论了振兴软件产业的问题。

7月24日 国务院办公厅转发《振兴软件产业行动纲要（2002年至2005年）》，将软件产业作为国民经济和社会信息化的基础性、战略性产业。

8月1日 信息产业部公布《中国互联网络域名管理办法》，自2002年9月30日起施行。2004年11月5日，信息产业部公布新的《中国互联网络域名管理办法》，自2004年12月20日起施行。2017年8月24日，工业和信息化部公布修订后的《互联网域名管理办法》，自2017年11月1日起施行，原《中国互联网络域名管理办法》同时废止。

8月5日 《国家信息化领导小组关于我国电子政务建设指导意见》发布，提出建设"十二金"工程，包括继续完善已取得初步成效的办公业务资源系统、金关、金税和金融监管（含金卡）4个工程，启动和加快建设宏观经济管理、金财、金盾、金审、社会保障、金农、金质、金水8个业务系统工程建设。此前，我国为适应全球建设"信息高速公路"潮流，于1993年启动"三金工程"，即金桥工程、金关工程和金卡工程。

8月10日 中国科学院计算技术研究所研制成功我国第一款通用CPU——"龙芯1号"芯片。

9月29日 国务院公布《互联网上网服务营业场所管理条例》，自2002年11月15日起施行。2001年发布的《互联网上网服务营业场所管理办法》同时废止。该条例于2011年、2016年、2019年进行了3次修订。根据2022年3月29日中华人民共和国国务院令第752号《国务院关于修改和废止部分行政法规的决定》修改了部分条款，自 2022 年 5 月 1 日起施行。

10 月 18 日 国家信息化领导小组批准颁布《国民经济和社会发展第十个五年计划信息化重点专项规划》。

10 月 26 日—31 日 互联网名称与数字地址分配机构（ICANN）第 14 届会议在中国上海召开。这是 ICANN 会议第一次在中国举行，由中国互联网协会（ISC）和中国互联网络信息中心（CNNIC）共同承办。

11 月 8 日—14 日 中国共产党第十六次全国代表大会举行。党的十六大报告明确提出，互联网站要成为传播先进文化的重要阵地。

二〇〇三年

5 月 10 日　文化部发布《互联网文化管理暂行规定》，自 2003 年 7 月 1 日起施行。

8 月 11 日　"冲击波"（WORM_MSBlast.A）电脑蠕虫病毒从境外传入国内，短短几天影响到全国绝大部分地区的用户。该病毒成为病毒史上影响最广泛的病毒之一。国家有关部门采取有效措施控制了病毒的传播。

8 月　国务院正式批复启动"中国下一代互联网示范工程"——CNGI（China Next Generation Internet）。

9 月 7 日　中共中央办公厅、国务院办公厅发布《国家信息化领导小组关于加强信息安全保障工作的意见》。

11 月 18 日　国家体育总局正式批准电子竞技为我国正式开展的第 99 个体育项目。

二〇〇四年

4月　国务院新闻办公室互联网新闻研究中心成立。

7月16日　全国打击淫秽色情网站专项行动电视电话会议召开，标志着专项行动开始。次日，中央宣传部、公安部、中央对外宣传办公室、最高人民法院、最高人民检察院、信息产业部等十四部门联合发布《关于依法开展打击淫秽色情网站专项行动有关工作的通知》。

8月17日　中央机构编制委员会办公室正式批复成立国家网络与信息安全信息通报中心。

8月28日　十届全国人大常委会第十一次会议表决通过《中华人民共和国电子签名法》，自2005年4月1日起施行。该法根据2015年4月24日十二届全国人大常委会第十四次会议《关于修改〈中华人民共和国电力法〉等六部法律的决定》第一次修正，根据2019年4月23日十三届全国人大常委会第十次会议《关于修改〈中华人民共和国建筑法〉等八部法律的决定》第二次修正。

9月3日　《最高人民法院、最高人民检察院关于办理利用互联网、移动通讯终端、声讯台制作、复制、出版、贩卖、传播淫秽电子信息刑事案件具体应用法律若干问题的解释》公布，自2004年9

月 6 日起施行。

9 月 17 日　公安部、国家保密局、国家密码管理局和国务院信息化工作办公室联合印发《关于信息安全等级保护工作的实施意见》，全面启动信息安全等级保护工作。

11 月 8 日　中共中央办公厅、国务院办公厅印发《关于进一步加强互联网管理工作的意见》，要求加快建立"法律规范、行政监管、行业自律、技术保障的管理体制"。

12 月 13 日　《中共中央办公厅、国务院办公厅关于加强信息资源开发利用工作的若干意见》印发。

12 月 23 日　我国国家顶级域名".CN"服务器的 IPv6 地址成功登录到全球域名根服务器，标志着".CN"域名服务器接入 IPv6 网络，支持 IPv6 网络用户的".CN"域名解析，这表明我国国家域名系统进入下一代互联网。

12 月 25 日　中国第一个下一代互联网示范工程（CNGI）核心网之一 CERNET2 主干网正式开通。

12 月　我国成功演示全球第一个 TD-SCDMA 商用终端的国际长途电话。2009 年，我国成功实现 TD-SCDMA 商用，成为通信领域自主创新的重要里程碑。

本年　中国代表首次参与联合国信息安全政府专家组（UNGGE）会议。

二〇〇五年

2月8日 信息产业部发布《非经营性互联网信息服务备案管理办法》，自 2005 年 3 月 20 日起施行。根据此办法，信息产业部会同中央宣传部、国务院新闻办公室、教育部、公安部等十三部门，联合开展全国互联网站集中备案工作，为加强互联网管理奠定基础。

2月8日 信息产业部发布《电子认证服务管理办法》，自 2005 年 4 月 1 日起施行。该办法与同步实施的《中华人民共和国电子签名法》为我国电子认证服务业的发展奠定了基础。

2月8日 信息产业部发布《互联网 IP 地址备案管理办法》，自 2005 年 3 月 20 日起施行。

3月13日 信息产业部发布《电信服务规范》，自 2005 年 4 月 20 日起施行。

4月13日 《国务院关于非公有资本进入文化产业的若干决定》印发，提出鼓励和支持非公有资本进入互联网上网服务营业场所、动漫和网络游戏等领域，规定非公有资本不得利用信息网络开展视听节目服务以及新闻网站等业务。

4月 上海文广新闻传媒集团下属上海电视台正式获得国家广播

电影电视总局批准的国内首张 IPTV 网络电视牌照。同时，上海电视台还获准经营手机电视业务。

8 月 28 日 《中华人民共和国治安管理处罚法》审议通过，自 2006 年 3 月 1 日起施行，明确对涉及网络的违法行为予以处罚，填补了在互联网领域实施治安管理处罚的空白。

8 月 违法和不良信息举报中心成立，隶属中国外文局管理，业务受国务院新闻办公室指导。2014 年 5 月，整体划转中央网信办直接管理。

9 月 25 日 国务院新闻办公室、信息产业部联合发布《互联网新闻信息服务管理规定》，自发布之日起施行。

10 月 8 日—11 日 党的十六届五中全会召开。全会通过《中共中央关于制定国民经济和社会发展第十一个五年规划的建议》。2006 年 3 月 14 日，十届全国人大四次会议通过了《中华人民共和国国民经济和社会发展第十一个五年规划纲要》。纲要提出积极推进信息化，坚持以信息化带动工业化，以工业化促进信息化，提高经济社会信息化水平。加快制造业信息化，深度开发信息资源，完善信息基础设施，强化信息安全保障。

12 月 26 日 国务院印发《国家中长期科学和技术发展规划纲要（2006—2020 年）》，将下一代网络关键技术与服务确定为发展规划的重点领域。

12 月 31 日 我国".CN"国家域名注册量首次突破百万大关，达到 1096924 个。在所有亚洲国家和地区顶级域名（ccTLD）的注册量中位居第一，在全球所有国家和地区顶级域名中位居第六。

12 月 "十五"国家重大科技专项"电子政务试点示范工程"通过验收。

本年 以博客为代表的 Web2.0 概念推动了中国互联网的发展。Web2.0 概念的出现标志互联网新媒体发展进入新阶段，催生了 Blog、RSS、WIKI、SNS 交友网络等一系列新事物。

二〇〇六年

1月1日 中华人民共和国中央人民政府门户网站（简称"中国政府网"）www.gov.cn 正式开通。

1月26日 《中共中央　国务院关于实施科技规划纲要增强自主创新能力的决定》发布，提出要掌握一批事关国家竞争力的装备制造业和信息产业核心技术，使制造业和信息产业技术水平进入世界先进行列。

2月20日 信息产业部公布《互联网电子邮件服务管理办法》，自 2006 年 3 月 30 日起施行。

2月21日 信息产业部启动"阳光绿色网络工程"系列活动。包括清除垃圾电子信息，畅享清洁网络空间；治理违法不良信息，倡导绿色手机文化；让全球网络更安全；打击非法网上服务，引导绿色上网行为等活动。

3月19日 中共中央办公厅、国务院办公厅印发《2006—2020年国家信息化发展战略》，提出我国信息化发展的战略方针和战略任务。

3月19日 国家信息化领导小组印发《国家电子政务总体框架》。

3月 来自中国互联网络信息中心（CNNIC）的专家推动国际

互联网工程任务组（IETF）成立"国际化电子邮件地址（EAI）工作组"，这是 IETF 历史上第一次由中国机构主导推动成立的工作组。

5 月 18 日 国务院公布《信息网络传播权保护条例》，自 2006 年 7 月 1 日起施行。该条例于 2013 年 1 月 30 日修订，自 2013 年 3 月 1 日起施行。

6 月 "国家中小企业信息化推进工程"实施，"百万中小企业上网计划"启动，中小企业信息化全面推进。

7 月 18 日 中华全国新闻工作者协会主办的第 16 届"中国新闻奖"揭晓，网络新闻作品首次纳入该奖评选，13 件网络新闻作品获奖。

8 月 5 日 中共中央办公厅、国务院办公厅印发《国家"十一五"时期文化发展规划纲要》，提出办好新闻网站，发展新兴传播载体，促进数字和网络技术在公共文化服务领域的应用，积极发展以数字化生产、网络化传播为主要特征的数字内容产业。

12 月 18 日 中国电信、中国网通、中国联通、"中华电信"、韩国电信（KT）和美国威瑞森通信公司（Verizon）6 家运营商，宣布共同建设跨太平洋直达光缆系统。

12 月 "熊猫烧香"病毒暴发，全国数百万台计算机遭到感染和破坏。公安部统一指挥调度侦办工作，2007 年 2 月 12 日"熊猫烧香"病毒案告破，病毒制作者及主要传播者共 6 名犯罪嫌疑人被捕归案。这是我国破获的首例制作和传播计算机病毒大案。

本年 中国代表参加首届联合国互联网治理论坛（Internet Governance Forum，IGF），与各国交流互联网治理经验，阐明中国治网理念主张，推动建立信息安全行为准则。联合国互联网治理论坛成立于 2006 年 11 月，是联合国根据信息社会世界峰会决定设立的有关互联网治理问题的开放式论坛。

二〇〇七年

1月23日 十六届中共中央政治局就世界网络技术发展和我国网络文化建设与管理问题进行第三十八次集体学习。胡锦涛在主持学习时强调，能否积极利用和有效管理互联网，能否真正使互联网成为传播社会主义先进文化的新途径、公共文化服务的新平台、人们健康精神文化生活的新空间，关系到社会主义文化事业和文化产业的健康发展，关系到国家文化信息安全和国家长治久安，关系到中国特色社会主义事业的全局。

2月15日 文化部、国家工商行政管理总局、公安部、信息产业部等十四部委联合发布《关于进一步加强网吧及网络游戏管理工作的通知》，首次对网络游戏中的虚拟货币交易进行规范。

2月28日 《人民日报》面向全国正式发行手机报。

4月14日 我国成功发射第一颗北斗二号导航卫星，正式开始独立自主建设我国第二代卫星导航系统。

4月23日 十六届中共中央政治局召开会议，研究加强网络文化建设工作。会议指出，要坚持一手抓建设、一手抓管理，在网上建设具有广泛影响力的思想文化传播平台，大力弘扬体现国家发展和社会进步的思想文化，大力弘扬民族优秀传统文化，营造文明健康的网络环境。

6月1日 中共中央办公厅、国务院办公厅印发《关于加强网络文化建设和管理的意见》。首次将发展中国特色网络文化纳入国家文化发展战略，设立中央网络文化建设和管理联席会议制度，明确党的外宣部门负责指导、协调、督促网络文化行业主管部门、互联网行业主管部门和安全监管部门对网络文化信息服务管理的职能。

6月1日 国家发展和改革委员会、国务院信息化工作办公室联合发布我国首部电子商务发展规划《电子商务发展"十一五"规划》。

6月3日—4日 全国网络文化建设和管理工作会议召开。会议强调，要努力把互联网建设成为传播社会主义先进文化的新途径、公共文化服务的新平台、人们健康精神文化生活的新空间、对外宣传的新渠道，走出一条中国特色网络文化发展之路。

6月22日 公安部、国家保密局、国家密码管理局、国务院信息工作办公室印发《信息安全等级保护管理办法》，自发布之日起施行。

9月30日 国家电子政务网络中央级传输骨干网网络正式开通。

9月 中共中央办公厅、国务院办公厅印发《国民经济和社会发展信息化"十一五"规划》，指出我国信息化发展的九项战略重点。

10月15日—21日 中国共产党第十七次全国代表大会举行。党的十七大报告指出要全面认识工业化、信息化、城镇化、市场化、国际化深入发展的新形势新任务，大力推进信息化与工业化融合，加强网络文化建设和管理，营造良好网络环境。

11月 首届中美互联网论坛在美国西雅图举行。

12月20日 国家广播电影电视总局、信息产业部发布《互联网视听节目服务管理规定》，自2008年1月31日起施行。

二〇〇八年

2 月 25 日　国家测绘局、外交部、公安部、信息产业部、国家工商行政管理总局、新闻出版总署、国务院新闻办公室、国家保密局八部委联合印发《关于加强互联网地图和地理信息服务网站监管的意见》，要求进一步加强对互联网地图和地理信息服务网站的监管。

3 月 20 日　首届中国和英国互联网圆桌会议在英国伦敦举行。

3 月　十一届全国人大一次会议批准设立工业和信息化部，为国务院组成部门。原国家发展和改革委员会的工业行业管理有关职责，国防科学技术工业委员会核电管理以外的职责，以及信息产业部和国务院信息化工作办公室的职责，统一纳入工业和信息化部，国家信息化领导小组的具体工作由工业和信息化部承担。

4 月 28 日　12321 网络不良与垃圾信息举报受理中心成立。

6 月 20 日　胡锦涛通过人民网强国论坛同网友在线交流。

7 月 24 日　根据中国互联网络信息中心（CNNIC）报告，截至 2008 年 6 月，我国网民数已达到 2.53 亿，网民规模跃居世界第一位。截至 7 月 22 日，".CN"域名注册量达 1218.8 万个，成为全球第一大国家顶级域名。

12 月 12 日 工业和信息化部在杭州召开深化地方电子政务信息共享和业务协同工作座谈会。

二〇〇九年

1月5日 国务院新闻办公室、工业和信息化部等七部委部署在全国开展整治互联网低俗之风专项行动。

1月7日 工业和信息化部为中国移动、中国电信和中国联通发放3G牌照。

2月18日 工业和信息化部公布《电子认证服务管理办法》，自2009年3月31日起施行。该办法于2015年4月29日修订。原信息产业部2005年2月8日发布的《电子认证服务管理办法》同时废止。

2月28日 十一届全国人大常委会第七次会议通过并公布《中华人民共和国刑法修正案（七）》，自公布之日起施行。该修正案增设非法获取计算机数据罪，非法控制计算机信息系统罪和为非法侵入、控制计算机信息系统提供程序、工具罪，进一步完善了我国网络犯罪相关法律制度。

4月15日 国务院办公厅印发《电子信息产业调整和振兴规划》。

4月22日 工业和信息化部印发《政府网站发展评估核心指标体系（试行）》，进一步引导和促进政府网站健康发展。

4月30日 国务院新闻办公室、商务部、国家工商行政管理总局联合发布《外国机构在中国境内提供金融信息服务管理规定》，明确国务院新闻办公室为外国机构在中国境内提供金融信息服务的监督管理机构。2024 年 3 月起，国家互联网信息办公室负责对外国金融信息服务机构管理。

6 月 26 日　文化部、商务部联合发布《关于网络游戏虚拟货币交易管理工作的通知》，规定同一企业不能同时经营虚拟货币的发行与交易，并且虚拟货币不得用于购买实物。

8 月 26 日　《文化部关于加强和改进网络音乐内容审查工作的通知》印发，规定经营单位经营网络音乐产品，须报文化部进行内容审查或备案。

9 月 7 日　中央机构编制委员会办公室印发《中央编办对文化部、广电总局、新闻出版总署〈"三定"规定〉中有关动漫、网络游戏和文化市场综合执法的部分条文的解释》。规定："文化部负责动漫和网络游戏相关产业规划、产业基地、项目建设、会展交易和市场监管。国家广播电影电视总局负责对影视动漫和网络视听中的动漫节目进行管理。国家新闻出版总署负责在出版环节对动漫进行管理，对游戏出版物的网上出版发行进行前置审批。"

9 月　我国成功研制第一台国产千万亿次超级计算机"天河一号"。

10 月 18 日　中国信息安全测评中心宣布我国信息安全"国家漏洞库"正式投入运行，并对外开展漏洞分析与风险评估服务。

12 月 26 日　十一届全国人大常委会第十二次会议表决通过《中华人民共和国侵权责任法》，自 2010 年 7 月 1 日起施行。该法首次规定了网络侵权问题及其处理原则。2021 年 1 月 1 日《中华人民共和国民法典》施行时，该法废止，网络侵权相关规定纳入民法典。

12 月 28 日　中国网络电视台（CNTV）开播。

二〇一〇年

1月13日 国务院召开常务会议，决定加快推进电信网、广播电视网和互联网三网融合。1月21日，国务院办公厅印发《推进三网融合的总体方案》。

1月21日 工业和信息化部公布《通信网络安全防护管理办法》，自2010年3月1日起施行。

2月25日 12377违法和不良信息举报热线开通，受理网民举报的政治类、暴恐类、色情类、赌博类网上有害信息。

3月5日—14日 十一届全国人大三次会议在北京召开，物联网首次写入《政府工作报告》。

3月 国家广播电影电视总局发放首批3张互联网电视牌照，分别由中国网络电视台、上海文广新闻传媒集团以及杭州华数传媒网络有限公司获得。

4月28日 十一届全国人大常委会第十四次会议审议通过《国务院关于文化产业发展工作情况的报告》。报告提出，随着网络、数字、信息技术的发展，动漫游戏、数字音乐、数字电影、网络视频、移动多媒体广播电视、公共视听载体、数字出版、网络出版、手机出版等新兴文化产业迅速崛起。2009年，网络游戏市场规模258亿

元，比 2008 年增长 39.5%；数字出版总产值 750 亿元，年增长 50%
以上；国产电纸书、电子阅读器销售量 71.6 万台，承载图书 3000 多
万册，销售总额超过 25 亿元；网络视频市场规模 5.83 亿元，网络视
频用户近 2.4 亿户。

5 月 31 日 国家工商行政管理总局公布《网络商品交易及有关
服务行为管理暂行办法》，自 2010 年 7 月 1 日起施行。2014 年 1 月
26 日，国家工商行政管理总局发布《网络交易管理办法》，自 2014
年 3 月 15 日起施行，原《网络商品交易及有关服务行为管理暂行办
法》同时废止。

6 月 3 日 文化部公布《网络游戏管理暂行办法》，自 2010 年 8
月 1 日起施行。这是我国第一部针对网络游戏进行管理的部门规章。

6 月 8 日 国务院新闻办公室首次发布《中国互联网状况》白皮
书，阐明中国政府关于互联网的基本政策："积极利用、科学发展、
依法管理、确保安全"。

6 月 25 日 第 38 届互联网名称与数字地址分配机构（ICANN）
年会决议通过，将".中国"域名纳入全球互联网根域名体系。7 月
10 日，".中国"域名正式写入全球互联网根域名系统（DNS）。

8 月 "天河一号"完成系统升级并成为我国首个位列世界超级
计算机 500 强排名第一的超级计算机。

8 月 中共中央办公厅、国务院办公厅印发《关于加强和改进互
联网管理工作的意见》，对互联网管理体制进行了重大调整，即按照
"统分结合、相对集中、职责明确、权责一致"的要求，设立国家互
联网信息办公室，形成以网信部门、工业和信息化部门、公安部门
等为主，分别主管互联网信息内容、互联网行业发展、打击网络违
法犯罪的工作格局，形成法律规范、行政监管、行业自律、技术保

障、公众监督、社会教育相结合的互联网管理体系。

10月9日 国家新闻出版总署出台《关于发展电子书产业的意见》。

10月10日 《国务院关于加快培育和发展战略性新兴产业的决定》发布，将发展新一代信息技术产业列为重点方向和主要任务。

10月15日—18日 党的十七届五中全会召开，全会通过《关于制定国民经济和社会发展第十二个五年规划的建议》。2011年3月，十一届全国人大四次会议通过《国民经济和社会发展第十二个五年规划纲要》。纲要提出，要全面提高信息化水平，加快建设宽带、融合、安全、泛在的下一代国家信息基础设施，大力推进国家电子政务建设。

11月7日—12日 国际互联网工程任务组（IETF）第79次大会在北京召开，这是 IETF 会议首次在中国内地举行。

本年 国家信息中心加挂国家电子政务外网管理中心牌子。此前，1987年1月24日，国家经济信息中心正式成立。1988年1月22日，邓小平题名"国家信息中心"。

二〇一一年

1月8日 国务院发布修订的《中华人民共和国计算机信息系统安全保护条例》，自发布之日起施行。此前，原《中华人民共和国计算机信息系统安全保护条例》于 1994 年 2 月 18 日发布施行。

1月21日 腾讯公司推出微信服务。

3月18日 文化部发布新版《互联网文化管理暂行规定》，自 2011 年 4 月 1 日起施行。该规定于 2017 年 12 月 15 日修订。

4月14日 金砖国家领导人第三次会晤在海南三亚举行，会议发表《三亚宣言》，提出"承诺合作加强国际信息安全，并对打击网络犯罪予以特别关注"。

5月4日 经国务院同意，国家互联网信息办公室挂牌成立，我国互联网信息服务和管理工作进入新阶段。国家互联网信息办公室不另设新的机构，在国务院新闻办公室加挂国家互联网信息办公室牌子。

5月26日 中国人民银行下发首批 27 张第三方支付牌照《支付业务许可证》。

9月13日 国务院办公厅转发全国政务公开领导小组《关于开展依托电子政务平台加强县级政府政务公开和政务服务试点工作的

意见》，进一步提高县级政府政务公开和政务服务水平。

9 月 29 日　工业和信息化部印发《关于加强工业控制系统信息安全管理的通知》，要求各地区、各有关部门、有关国有大型企业切实加强工业控制系统信息安全管理，以保障工业生产运行安全、国家经济安全和人民生命财产安全。

10 月 15 日—18 日　党的十七届六中全会召开。全会通过《中共中央关于深化文化体制改革　推动社会主义文化大发展大繁荣若干重大问题的决定》，提出"发展健康向上的网络文化"战略任务，要求认真贯彻积极利用、科学发展、依法管理、确保安全的方针，加强和改进网络文化建设和管理。

11 月 28 日　工业和信息化部印发《物联网"十二五"发展规划》。

12 月 12 日　工业和信息化部印发《国家电子政务"十二五"规划》。

12 月 15 日　中国科学院、教育部、国家自然科学基金委员会在"第二届中国科研信息化发展研讨会"上首次联合发布了《中国科研信息化蓝皮书 2011》，这是该蓝皮书的第一次发布。

12 月 23 日　国务院常务会议召开，明确了我国发展下一代互联网的路线图和主要目标：2013 年底前，开展国际互联网协议第 6 版（IPv6）网络小规模商用试点，形成成熟的商业模式和技术演进路线；2014 年至 2015 年，开展国际互联网协议第 6 版（IPv6）大规模部署和商用，实现国际互联网协议第 4 版（IPv4）与第 6 版（IPv6）主流业务互通。

12 月 29 日　中共中央办公厅、国务院办公厅印发《国家"十二五"时期文化改革发展规划纲要》，提出加快发展文化创意、数字出版、移动多媒体、动漫游戏等新兴文化产业；加强互联网等新兴媒体建设，鼓励支持国有资本进入新兴媒体，做强重点新闻网站，形成一批在国内外有较强影响力的综合性网站和特色网站，发挥主要商业网站建设性作用，培育一批网络内容生产和服务骨干企业。

12 月 29 日　工业和信息化部公布《规范互联网信息服务市场秩序若干规定》，自 2012 年 3 月 15 日起施行。

二〇一二年

1月18日 中国主导的时分长期演进技术（TD-LTE）标准被国际电信联盟（ITU）确定为第四代移动通信国际标准之一。

2月24日 工业和信息化部印发《集成电路产业"十二五"发展规划》。3月27日，工业和信息化部印发《电子商务"十二五"发展规划》。4月6日，工业和信息化部印发《软件和信息技术服务业"十二五"发展规划》。5月4日，工业和信息化部印发《通信业"十二五"发展规划》《互联网行业"十二五"发展规划》。

3月13日 教育部发布《教育信息化十年发展规划（2011—2020年）》。9月5日，第一次全国教育信息化工作电视电话会议明确"三通两平台"重点工作部署，以教育信息化带动教育现代化。

3月27日 国家发展改革委、工业和信息化部、教育部、科技部、中国科学院、中国工程院、国家自然科学基金会七部门印发《关于下一代互联网"十二五"发展建设的意见》。

4月27日 人民网在上海证券交易所上市交易，成为国内首家在A股上市的新闻网站。

6月28日 《国务院关于大力推进信息化发展和切实保障信息安全的若干意见》印发，针对加快网络与信息安全能力建设，提升网络安全保障水平作出部署。

7月6日—7日 全国科技创新大会召开。

7月9日 国务院印发《"十二五"国家战略性新兴产业发展规划》，将宽带中国工程、高性能集成电路工程、物联网和云计算工程、信息惠民工程等列入"十二五"发展的二十项重点工程。

7月19日 中国互联网络信息中心（CNNIC）发布的第30次《中国互联网络发展状况统计报告》显示，截至2012年6月底，中国网民数量达到5.38亿，其中手机接入互联网数量达到3.88亿，手机首次超越台式电脑成为国内第一大上网终端。

9月18日 科技部印发《中国云科技发展"十二五"专项规划》，明确了云计算发展的重点任务。

9月18日 中国与新兴国家互联网圆桌会议在北京举行，来自中国、俄罗斯、巴西、南非等国政府有关部门、学术机构和知名互联网企业的代表出席会议，就"互联网发展及治理""网络空间安全""新兴国家互联网领域的交流与合作"等议题进行交流。

11月8日—14日 中国共产党第十八次全国代表大会举行。党的十八大报告明确提出，"坚持走中国特色新型工业化、信息化、城镇化、农业现代化道路""建设下一代信息基础设施，发展现代信息技术产业体系，健全信息安全保障体系，推进信息网络技术广泛运用""加强和改进网络内容建设，唱响网上主旋律。加强网络社会管理，推进网络依法规范有序运行"。

12月5日 首届中韩互联网圆桌会议在北京开幕。

12月28日 十一届全国人大常委会第三十次会议审议通过《全国人民代表大会常务委员会关于加强网络信息保护的决定》，自公布之日起施行。

二〇一三年

1月4日 国家广播电影电视总局发布《关于促进主流媒体发展网络广播电视台的意见》，鼓励电台电视台与宽带互联网、移动通信网等新兴媒体结合，发展新形态广播电视播出机构——网络广播电视台。

2月1日 我国首个个人信息保护国家标准《信息安全技术 公共及商用服务信息系统个人信息保护指南》实施。

2月5日 《国务院关于推进物联网有序健康发展的指导意见》公布。

2月23日 国务院印发《国家重大科技基础设施建设中长期规划（2012—2030年）》，将未来网络试验设施列入优先安排的16项重大科技基础设施建设。

2月25日 国家税务总局公布《网络发票管理办法》，自2013年4月1日起施行。

2月 工业和信息化部、国家发展和改革委员会、科技部联合推动成立国际移动通信系统IMT-2020（5G）推进组，主要职能是聚合移动通信领域产学研用力量、推动5G通信技术研究、开展国际交流与合作。

6月 中国工程院院士胡启恒入选国际互联网协会（Internet Society，ISOC）第二批"互联网名人堂"，成为首位获此殊荣的中国专家。

7月8日 中美第一次网络安全工作组会议在美国华盛顿举行。

7月12日 工业和信息化部印发《互联网接入服务规范》，自2013年9月1日起实施。

7月16日 工业和信息化部公布《电信和互联网用户个人信息保护规定》。

7月31日 国家互联网信息办公室在四川成都召开全国手机报（移动新闻客户端）发展管理工作会议。

8月1日 国务院印发《"宽带中国"战略及实施方案》。

8月8日 《国务院关于促进信息消费扩大内需的若干意见》发布，提出加快智慧城市建设。

8月19日 习近平在全国宣传思想工作会议上强调，意识形态工作是党的一项极端重要的工作，要把网上舆论工作作为宣传思想工作的重中之重来抓。要解决好"本领恐慌"问题，真正成为运用现代传媒新手段新方法的行家里手。要深入开展网上舆论斗争，严密防范和抑制网上攻击渗透行为，组织力量对错误思想观点进行批驳。要依法加强网络社会管理，加强网络新技术新应用的管理，确保互联网可管可控，使我们的网络空间清朗起来。加快传统媒体和新兴媒体融合发展，充分运用新技术新应用创新媒体传播方式，占领信息传播制高点。

9月9日 最高人民法院、最高人民检察院公布《关于办理利用信息网络实施诽谤等刑事案件适用法律若干问题的解释》，自2013年9月10日起施行。

9 月 29 日　工业和信息化部印发《信息化发展规划》，提出了"十二五"时期我国信息化发展的主要任务和发展重点。

11 月 9 日—12 日　党的十八届三中全会召开，全会通过《中共中央关于全面深化改革若干重大问题的决定》。会议指出，要坚持积极利用、科学发展、依法管理、确保安全的方针，加大依法管理网络力度，加快完善互联网管理领导体制，确保国家网络和信息安全。

12 月 4 日　工业和信息化部向中国移动通信集团公司、中国电信集团公司和中国联合网络通信集团有限公司颁发首批 4G 牌照。

12 月 26 日　工业和信息化部颁发首批虚拟运营商牌照（移动通信转售业务运营试点资格），11 家民营企业获得虚拟运营商牌照。

12 月　中共中央办公厅印发《关于培育和践行社会主义核心价值观的意见》，提出要"善于运用网络传播规律，把社会主义核心价值观体现到网络宣传、网络文化、网络服务中，用正面声音和先进文化占领网络阵地"。

本年　电子商务快速发展，我国网络零售交易额达到 1.85 万亿元，超过美国成为全球第一大网络零售市场。

二〇一四年

1月21日　国务院印发《国家集成电路产业发展推进纲要》，提出到2030年，集成电路产业链主要环节达到国际先进水平，实现跨越发展。

2月27日　中央网络安全和信息化领导小组第一次会议在北京召开。习近平首次提出"努力把我国建设成为网络强国"，明确提出了网络强国建设的战略目标，并提出一系列重大论断、作出一系列战略部署，清晰擘画了建设网络强国的宏伟蓝图。

3月5日—13日　十二届全国人大二次会议召开，审议通过的《政府工作报告》指出，要实施"宽带中国"战略，在全国推行"三网融合"，并首次提到"大数据"。

3月20日　中共中央决定，组建中央网络安全和信息化领导小组办公室、国家互联网信息办公室，将中共中央对外宣传办公室（国务院新闻办公室）并入中央宣传部，中央宣传部加挂国务院新闻办公室牌子。

4月14日　中央宣传部推动媒体融合发展座谈会召开。会议指出，坚持传统媒体与新兴媒体优势互补、一体发展，坚持先进技术为支撑、内容建设为根本，整合媒体资源，创新传播方式，开创媒体融合发展新局面，开辟党的新闻事业新天地。

4月15日 习近平在中央国家安全委员会第一次会议上指出，要坚持总体国家安全观。构建集政治安全、国土安全、军事安全、经济安全、文化安全、社会安全、科技安全、信息安全、生态安全、资源安全、核安全等于一体的国家安全体系。

4月—11月 全国"扫黄打非"工作小组办公室、国家互联网信息办公室、工业和信息化部、公安部在全国范围内统一开展打击网上淫秽色情信息"扫黄打非·净网2014"专项行动。此后，"净网行动"每年开展。

5月9日 中央网信办发布《关于加强党政机关网站安全管理的通知》，对加强党政机关网站安全管理，提高党政机关网站安全防护水平，保障和促进党政机关网站建设提出具体要求。

6月—11月 国家版权局、国家互联网信息办公室、工业和信息化部、公安部联合开展第十次打击网络侵权盗版专项治理"剑网行动"。"剑网行动"是国家版权局联合有关部门连续开展的打击网络侵权盗版专项行动，自2005年起启动，至2023年已连续开展19次。

7月14日 中国互联网络信息中心（CNNIC）从中国科学院划转至中央网络安全和信息化领导小组办公室。2021年5月26日，中国互联网络信息中心（CNNIC）从中央网络安全和信息化委员会办公室划转至工业和信息化部。

7月16日 习近平在巴西国会演讲时指出，互联网发展对国家主权、安全、发展利益提出了新的挑战，必须认真应对。虽然互联网具有高度全球化的特征，但每一个国家在信息领域的主权权益都不应受到侵犯，互联网技术再发展也不能侵犯他国的信息主权。

7月21日 中国互联网络信息中心（CNNIC）发布第34次《中国互联网络发展状况统计报告》。报告显示，截至2014年6月，中国手机网民规模达到5.27亿，较2013年底增加2699万人。手机上网的网民比例为83.4%，相比2013年底上升2.4个百分点，首次超越传统PC（个人电脑）上网比例80.9%。

8月7日 国家互联网信息办公室发布《即时通信工具公众信息服务发展管理暂行规定》，自发布之日起施行。

8月18日 习近平主持召开中央全面深化改革领导小组第四次会议，审议通过《关于推动传统媒体和新兴媒体融合发展的指导意见》。9月19日，中共中央办公厅、国务院办公厅印发《关于推动传统媒体和新兴媒体融合发展的指导意见》。

8月26日 《国务院关于授权国家互联网信息办公室负责互联网信息内容管理工作的通知》发布，授权重新组建的国家互联网信息办公室负责全国互联网信息内容管理工作，并负责监督管理执法。

8月27日 国家发展改革委、工业和信息化部等八部委联合印发《关于促进智慧城市健康发展的指导意见》。

8月28日 《工业和信息化部关于加强电信和互联网行业网络安全工作的指导意见》发布。

9月18日 首届中国—东盟网络空间论坛在广西南宁举行。

10月1日 工业和信息化部在南京、成都、西安、武汉、沈阳、重庆、郑州7个城市新增的国家级互联网骨干直联点全部建成。

10月15日 习近平主持召开文艺工作座谈会，强调只有牢固树立马克思主义文艺观，真正做到了以人民为中心，文艺才能发挥最大正能量。指出互联网技术和新媒体改变了文艺形态，催生了一大批新的文艺类型，也带来文艺观念和文艺实践的深刻变化；要适应形势发展，抓好网络文艺创作生产，加强正面引导力度。

10月16日 最高人民法院宣判上诉人北京奇虎科技有限公司与被上诉人腾讯科技（深圳）有限公司、深圳市腾讯计算机系统有限公司滥用市场支配地位纠纷一案，认定腾讯旗下的QQ并不具备市场支配地位，驳回上诉，维持原判。

10月20日—23日 党的十八届四中全会召开。全会通过《中共中央关于全面推进依法治国若干重大问题的决定》，指出要加强互联网领域立法，完善网络信息服务、网络安全保护、网络社会管理等方面的法律法规，依法规范网络行为。

10月21日 国家新闻出版广电总局、国家互联网信息办公室发布《关于在新闻网站核发新闻记者证的通知》，决定在已取得互联网新闻信息服务许可一类资质并符合条件的新闻网站中核发新闻记者证。

10月23日 国际电信联盟（ITU）第19届全权代表大会上，中国推荐的候选人赵厚麟高票当选新一任秘书长，成为该组织150年历史上首位中国籍秘书长。2018年，赵厚麟高票连任。

11月1日 十二届全国人大常委会第十一次会议通过《中华人民共和国反间谍法》。2023年4月26日，十四届全国人大常委会第二次会议修订，自2023年7月1日起施行。该法修订后将"针对国家机关、涉密单位或者关键信息基础设施等的网络攻击、侵入、干扰、控制、破坏等活动"明确为间谍行为。

11月11日 习近平主持亚太经济合作组织（APEC）第二十二次领导人非正式会议。会议批准《亚太经合组织跨境电子商务创新和发展倡议》《亚太经合组织促进互联网经济合作倡议》，鼓励各经济体在自愿基础上指定或设立跨境电子商务创新和发展研究中心，首次将互联网经济引入 APEC 合作框架。

11 月 16 日　教育部、财政部、国家发展改革委、工业和信息化部、人民银行印发《构建利用信息化手段扩大优质教育资源覆盖面有效机制的实施方案》。

11 月 19 日—21 日　首届世界互联网大会在浙江乌镇举行。习近平致贺词指出，中国愿意同世界各国携手努力，本着相互尊重、相互信任的原则，深化国际合作，尊重网络主权，维护网络安全，共同构建和平、安全、开放、合作的网络空间，建立多边、民主、透明的国际互联网治理体系。本届大会主题为"互联互通共享共治"，确定乌镇为世界互联网大会永久会址。

11 月 24 日—30 日　中央网信办举办首届国家网络安全宣传周活动，主题为"共建网络安全，共享网络文明"。自 2016 年开始，国家网络安全宣传周主题为"网络安全为人民，网络安全靠人民"，于每年 9 月第三周举行。

11 月 26 日　《国务院办公厅关于促进电子政务协调发展的指导意见》发布。

12 月 30 日　中央网信办发布《关于加强党政部门云计算服务网络安全管理的意见》，对党政部门采购和使用云计算服务的网络安全提出要求。

本年　中央宣传部、国家新闻出版广电总局、国家互联网信息办公室等九部门在全国开展打击新闻敲诈和假新闻专项行动。

本年　中国人民银行成立法定数字货币研究小组，对发行框架、关键技术、发行流通环境及相关国际经验等进行专项研究。2016年，成立数字货币研究所，完成法定数字货币第一代原型系统搭建。2017 年，经国务院批准，中国人民银行组织商业机构共同开展法定数字货币（简称"数字人民币"，字母缩写按照国际使用惯例暂定为"e-CNY"）研发试验。2019 年底，数字人民币相继在深圳、苏州、雄安新区、成都等地启动试点测试。截至 2023 年 12 月，数字人民币试点范围已扩大至 17 个省份的 26 个地区。

二〇一五年

1月6日　中国网络空间研究院成立。

1月6日　《国务院关于促进云计算创新发展　培育信息产业新业态的意见》发布。

1月9日　为加强国际合作和制定有关国际准则，应对信息安全领域的共同挑战，中国、俄罗斯、乌兹别克斯坦、吉尔吉斯斯坦、塔吉克斯坦、哈萨克斯坦向联合国大会共同提交了新版"信息安全国际行为准则"，在2011年版本基础上做了进一步修订和完善。

2月4日　国家互联网信息办公室发布《互联网用户账号名称管理规定》，自2015年3月1日起施行。

2月5日　公安部、国家互联网信息办公室、工业和信息化部、环境保护部、国家工商行政管理总局、国家安全生产监督管理总局六部门联合发布《互联网危险物品信息发布管理规定》，自2015年3月1日起施行。

3月5日　十二届全国人大三次会议在北京召开，首次将"智慧城市"写入政府工作报告。

3月7日　国务院批复同意设立中国（杭州）跨境电子商务综合试验区。截至2022年底，共批复165个跨境电子商务综合试验区，覆盖 31 个省份。

3 月 中国科学院计算技术研究所研制出国际上首个深度学习处理器芯片——"寒武纪"。

4 月 14 日 中央宣传部、中央网信办、最高人民法院、最高人民检察院、公安部、工业和信息化部、国家工商行政管理总局、国家邮政局、国家禁毒委员会办公室印发《关于加强互联网禁毒工作的意见》。

4 月 14 日 全国首家大数据交易所在贵州贵阳成立。

5 月 4 日 国务院印发《关于大力发展电子商务加快培育经济新动力的意见》。

5 月 8 日 中国和俄罗斯签署《中华人民共和国政府和俄罗斯联邦政府关于在保障国际信息安全领域合作协定》。

5 月 19 日 工业和信息化部发布《通信短信息服务管理规定》，自 2015 年 6 月 30 日起施行。

5 月 22 日 中国互联网发展基金会获民政部批复，准予设立登记为全国性公募基金会。8 月，中国互联网发展基金会在北京正式挂牌。

5 月 23 日—25 日 由教育部和联合国教科文组织合作举办的首届国际教育信息化大会在山东青岛召开，习近平向大会致贺信。

6 月 11 日 国务院学位委员会批准增设"网络空间安全"一级学科。10 月 30 日，国务院学位委员会印发《关于开展增列网络空间安全一级学科博士学位授权点工作的通知》。2016 年 1 月 28 日，清华大学等 29 所高校获得首批网络空间安全一级学科博士学位授权点。

6 月 12 日 国家互联网信息办公室举办首届网络诚信宣传日活动，主题为"网络诚信伴我行"。

7月1日 十二届全国人大常委会第十五次会议表决通过《中华人民共和国国家安全法》，自公布之日起施行。该法要求，国家建设网络与信息安全保障体系，提升网络与信息安全保护能力，加强网络和信息技术的创新研究和开发应用，实现网络和信息核心技术、关键基础设施和重要领域信息系统及数据的安全可控；加强网络管理，防范、制止和依法惩治网络攻击、网络入侵、网络窃密、散布违法有害信息等网络违法犯罪行为，维护国家网络空间主权、安全和发展利益。

7月1日《国务院关于积极推进"互联网+"行动的指导意见》发布。

8月29日 十二届全国人大常委会第十六次会议通过《中华人民共和国刑法修正案（九）》，进一步细化网络犯罪相关规定，自2015年11月1日起施行。

8月31日 国务院印发《促进大数据发展行动纲要》。

9月13日 首届中国—东盟信息港论坛在广西南宁召开。截至2023年，该论坛在广西南宁举办了5届。

9月22日—28日 习近平对美国进行国事访问，其间中美在应对恶意网络活动、制定网络空间国家行为准则等方面达成一致，决定建立打击网络犯罪及相关事项高级别联合对话机制。

10月3日 中共中央办公厅印发《党委（党组）意识形态工作责任制实施办法》。2016年11月28日，中共中央办公厅印发《党委（党组）网络意识形态工作责任制实施细则》。

10月14日 上海合作组织成员国主管机关在福建厦门成功举行了"厦门-2015"网络反恐演习，这是上海合作组织成员国首次举行针对互联网上恐怖主义活动的联合演习。

10 月 26 日—29 日　党的十八届五中全会召开。全会通过《中共中央关于制定国民经济和社会发展第十三个五年规划的建议》。2016 年 3 月，十二届全国人大四次会议批准《中华人民共和国国民经济和社会发展第十三个五年规划纲要》。纲要提出，要实施网络强国战略，实施"互联网 +"行动计划，发展分享经济，实施国家大数据战略。要强化信息安全保障，统筹网络安全和信息化发展，完善国家网络安全保障体系，强化重要信息系统和数据资源保护，提高网络治理能力，保障国家信息安全。

11 月 6 日　国家互联网信息办公室、国家新闻出版广电总局在北京联合举行首批新闻网站记者证发证仪式，为人民网、新华网、央视网等 14 家中央主要新闻网站首批 594 名记者发放新闻记者证。

11 月 23 日—25 日　2015 世界机器人大会在北京举行，大会由中国科学技术协会、工业和信息化部、北京市人民政府共同主办。截至 2023 年底，已举办 8 届。

12 月 1 日　首次中美打击网络犯罪及相关事项高级别联合对话在美国华盛顿举行。

12 月 16 日—18 日　第二届世界互联网大会在浙江乌镇举行。习近平出席大会开幕式并发表主旨演讲，提出推进互联网全球治理体系变革的"四项原则"和构建网络空间命运共同体的"五点主张"。强调应该坚持尊重网络主权、维护和平安全、促进开放合作、构建良好秩序的原则。呼吁加快全球网络基础设施建设，促进互联互通；打造网上文化交流共享平台，促进交流互鉴；推动网络经济创新发展，促进共同繁荣；保障网络安全，促进有序发展；构建互联网治理体系，促进公平正义。本届大会主题为"互联互通·共享共治——构建网络空间命运共同体"。

12月25日　习近平在视察解放军报社时强调，媒体格局、舆论生态、受众对象、传播技术都在发生深刻变化，特别是互联网正在媒体领域催发一场前所未有的变革。要研究把握现代新闻传播规律和新兴媒体发展规律，强化互联网思维和一体化发展理念，推动各种媒介资源、生产要素有效整合，推动信息内容、技术应用、平台终端、人才队伍共享融通。

12月26日　首届中国网络正能量一江山论坛在浙江台州举办。

12月27日　十二届全国人大常委会第十八次会议通过《中华人民共和国反恐怖主义法》，自2016年1月1日起施行。该法要求电信业务经营者、互联网服务提供者落实网络安全、信息内容监督制度和安全技术防范措施，防止含有恐怖主义、极端主义内容的信息传播并进行有效处置。

12月29日　中国网络安全产业联盟成立。该机构是中国网络安全行业的代表性企业自愿联合、共同发起组建的非营利性组织。

二〇一六年

1月5日—6日　全国网络宣传工作会议举行。

1月15日　国家工商行政管理总局、国家互联网信息办公室、工业和信息化部、住房和城乡建设部、交通运输部、国家新闻出版广电总局发布《公益广告促进和管理暂行办法》，自2016年3月1日起施行。

2月17日　中共中央办公厅、国务院办公厅印发《关于全面推进政务公开工作的意见》，要求强化政府门户网站信息公开第一平台作用。

2月19日　习近平主持召开党的新闻舆论工作座谈会，指出党的新闻舆论工作要把坚持正确政治方向摆在第一位。新闻舆论工作各个方面、各个环节都要坚持正确舆论导向。各级党报党刊、电台电视台要讲导向，都市类报刊、新媒体也要讲导向。要适应分众化、差异化传播趋势，加快构建舆论引导新格局。要推动融合发展，主动借助新媒体传播优势。

3月25日　中国网络空间安全协会成立，这是我国首个网络安全领域的全国性社会团体。2021年12月28日，中国网络空间安全协会作为中央网信办办管社会组织管理。

3 月　中央网信办启动实施争做中国好网民工程，广泛开展校园、金融、职工、青年、巾帼等好网民系列活动，持续推动网民网络素养教育进校园、进机关、进企业、进社区，教育引导广大网民共建积极健康的网络文化。截至 2024 年，该工程持续推进，深入开展。

3 月　中央网信办（国家互联网信息办公室）互联网舆情中心成立。

4 月 19 日　习近平主持召开网络安全和信息化工作座谈会，强调按照创新、协调、绿色、开放、共享的发展理念推动我国经济社会发展，是当前和今后一个时期我国发展的总要求和大趋势，我国网信事业发展要适应这个大趋势，在践行新发展理念上先行一步，推进网络强国建设，推动我国网信事业发展，让互联网更好造福国家和人民。

5 月 16 日　2015 年度"五个一百"网络正能量精品评选结果正式揭晓。该活动主要评选精品网络正能量文字、图片、音视频、专题专栏和主题活动。截至 2023 年，已举办 7 届。

5 月 26 日　工业和信息化部发布《电信用户申诉处理办法》，自 2016 年 7 月 30 日起施行。

5 月　国家互联网信息办公室牵头会同国家工商总局、国家卫生计生委和北京市有关部门成立联合调查组进驻百度公司，对"魏则西事件"及互联网企业依法经营事项进行调查并依法处理。

6 月 6 日　中央网信办联合工业和信息化部等六部委印发《关于加强网络安全学科建设和人才培养的意见》。

6 月 20 日　中国自主研制的全部采用国产处理器构建的"神威·太湖之光"超级计算机夺得世界超算冠军。

6 月 25 日 中俄两国元首在北京签署了关于协作推进信息网络空间发展的联合声明。

6 月 25 日 国家互联网信息办公室发布《互联网信息搜索服务管理规定》，自 2016 年 8 月 1 日起施行。

6 月 28 日 国家互联网信息办公室发布《移动互联网应用程序信息服务管理规定》，自 2016 年 8 月 1 日起施行。2022 年 6 月 14 日，国家互联网信息办公室发布新修订的《移动互联网应用程序信息服务管理规定》，自 2022 年 8 月 1 日起施行。

7 月 27 日 中共中央办公厅、国务院办公厅印发《国家信息化发展战略纲要》。

7 月 27 日 交通运输部、工业和信息化部、公安部、商务部、工商总局、国家质检总局、国家互联网信息办公室印发《网络预约出租汽车经营服务管理暂行办法》，自 2016 年 11 月 1 日起施行。

8 月 6 日 天通一号 01 星发射成功，标志着我国拥有了具有自主知识产权的卫星移动通信系统。

8 月 12 日 中央网信办、国家质检总局、国家标准委联合印发《关于加强国家网络安全标准化工作的若干意见》，对加强网络安全标准化工作作出部署。

8 月 16 日 中国成功发射世界首颗量子科学实验卫星"墨子号"。2017 年 6 月、8 月，"墨子号"卫星先后在国际上首次成功实现千公里级卫星和地面之间的量子纠缠分发、量子密钥分发和量子隐形传态。

8 月 17 日 中国银行业监督管理委员会、工业和信息化部、公安部、国家互联网信息办公室联合发布《网络借贷信息中介机构业务活动管理暂行办法》，自公布之日起施行。

8 月 30 日 民政部、工业和信息化部、国家新闻出版广电总局、国家互联网信息办公室四部门联合印发《公开募捐平台服务管理办法》，自 2016 年 9 月 1 日起施行。

8 月 国家互联网信息办公室公布《互联网新闻信息稿源单位名单》。

9 月 4 日—5 日 习近平主持二十国集团领导人第十一次峰会（G20 杭州峰会）。峰会通过《G20 数字经济发展与合作倡议》，这是全球首个由多国领导人共同签署的数字经济政策文件。

9 月 5 日 国务院印发《政务信息资源共享管理暂行办法》，自印发之日起施行。

9 月 25 日 《国务院关于加快推进"互联网 + 政务服务"工作的指导意见》发布。2018 年 7 月，印发《国务院关于加快推进全国一体化在线政务服务平台建设的指导意见》。2019 年 4 月，公布《国务院关于在线政务服务的若干规定》。

9 月 30 日 中央网信办复函武汉市委，支持开展国家网络安全人才与创新基地建设，打造首个"网络安全学院 + 创新产业谷"基地。2020 年 9 月，武汉大学、华中科技大学网络安全学院整体入驻。2023 年 10 月 16 日，中央网信办复函武汉市人民政府，同意国家网络安全人才与创新基地为"国家关键信息基础设施安全保护培训基地"。

10 月 9 日 十八届中共中央政治局就实施网络强国战略进行第三十六次集体学习。习近平在主持学习时强调，加快推进网络信息技术自主创新，加快数字经济对经济发展的推动，加快提高网络管理水平，加快增强网络空间安全防御能力，加快用网络信息技术推进社会治理，加快提升我国对网络空间的国际话语权和规则制定权，朝着建设网络强国目标不懈努力。

10 月 27 日　中央网信办、国家发展改革委、国务院扶贫办联合印发《网络扶贫行动计划》，提出实施"网络覆盖工程、农村电商工程、网络扶智工程、信息服务工程、网络公益工程"五大工程。

10 月 28 日—29 日　首次中俄网络媒体论坛在广东广州召开。此后，论坛分别在中国和俄罗斯举办。

11 月 4 日　国家互联网信息办公室发布《互联网直播服务管理规定》，自 2016 年 12 月 1 日起施行。

11 月 7 日　十二届全国人大常委会第二十四次会议通过《中华人民共和国网络安全法》，自 2017 年 6 月 1 日起施行。这是我国第一部全面规范网络空间安全管理方面问题的基础性法律，明确了建设、经营、维护和使用网络的具体规范以及网络安全的监督管理要求。

11 月 16 日—18 日　第三届世界互联网大会乌镇峰会举行。习近平在开幕式上发表视频讲话，指出利用好、发展好、治理好互联网必须深化网络空间国际合作，携手构建网络空间命运共同体。中国愿同国际社会一道，坚持以人类共同福祉为根本，坚持网络主权理念，推动全球互联网治理朝着更加公正合理的方向迈进，推动网络空间实现平等尊重、创新发展、开放共享、安全有序的目标。本届大会主题为"创新驱动　造福人类——携手共建网络空间命运共同体"。

11 月 29 日　全国网络扶贫工作现场推进会在江西赣州举行。

12 月 5 日—9 日　第十一届联合国互联网治理论坛（IGF）在墨西哥举办，中国国家互联网信息办公室首次统筹举办开放论坛、研讨会。此后，中国国家互联网信息办公室每年参与联合国互联网治理论坛，围绕数字经济、人工智能、数据安全和个人信息保护等议题宣传介绍中国经验做法，贡献中国方案。

12 月 15 日　国务院发布《"十三五"国家信息化规划》，首次将"数字中国"建设取得显著成效作为总体目标。

12 月 24 日　商务部、中央网信办、国家发展改革委印发《电子商务"十三五"发展规划》。

12 月 27 日　国家互联网信息办公室发布《国家网络空间安全战略》，确立了网络安全的战略目标、战略原则、战略任务。这是中国首次发布关于网络空间安全的战略文件。

二〇一七年

1月3日—4日 全国网信办主任会议在北京召开。自2017年开始，全国网信办主任会议作为网信系统重要工作年度例会，每年年初召开。

1月5日 中央宣传部举行推进媒体深度融合工作座谈会。会议指出，要坚定不移推动传统媒体和新兴媒体深度融合，尽快从相加阶段迈向相融阶段，实现融为一体、合而为一；要重点突破采编发流程再造这个关键环节，确立移动优先战略，加强全媒人才培养，推动形成中央媒体为引领、省级媒体为骨干的融合传播布局。

1月10日 中央网信办印发《国家网络安全事件应急预案》。

1月16日 根据此前国家互联网信息办公室下发的通知，互联网应用商店备案工作正式启动。

1月22日 中国互联网投资基金在北京成立。

1月 中央网信办部署开展"网络中国节"系列网络文化活动，每年围绕春节、元宵节、清明节、端午节、七夕节、中秋节与重阳节7个中华传统节日组织开展活动。

1月 中共中央办公厅、国务院办公厅印发《关于促进移动互联网健康有序发展的意见》，进一步明确了推动和规范移动互联网发展的政策方向和原则。

3月1日 外交部和国家互联网信息办公室共同发布《网络空间国际合作战略》，就推动网络空间国际交流合作首次全面系统地提出中国主张。

3月15日 十二届全国人大五次会议通过《政府工作报告》，"数字经济"一词首次写入《政府工作报告》。

5月2日 国家互联网信息办公室公布《互联网新闻信息服务管理规定》《互联网信息内容管理行政执法程序规定》《网络产品和服务安全审查办法（试行）》，自2017年6月1日起施行。

5月3日 世界首台单光子量子计算机在中国诞生，比人类历史上第一台电子管计算机和晶体管计算机运行速度快10—100倍。

5月8日 《最高人民法院、最高人民检察院关于办理侵犯公民个人信息刑事案件适用法律若干问题的解释》公布。

5月8日 中央网信办、国家质检总局、国家标准委联合印发《"十三五"信息化标准工作指南》。

5月12日 勒索病毒"WannaCry"在全球暴发。随后，国家计算机网络应急技术处理协调中心发布应对勒索软件"WannaCry"处置手册。

5月14日 习近平在"一带一路"国际合作高峰论坛上首次提出建设"数字丝绸之路"。

5月22日 国家互联网信息办公室发布《互联网新闻信息服务许可管理实施细则》，自2017年6月1日起施行。

5月25日 由两院院士、高校学者、企业界专家等组成的国家大数据专家咨询委员会正式成立。

5月 经中央批准印发《关于实施网络内容建设工程的意见》，

对加强网络内容建设作出全面系统部署。

6月1日 国家互联网信息办公室、工业和信息化部、公安部、国家认证认可监督管理委员会等部门制定了《网络关键设备和网络安全专用产品目录（第一批）》。5月30日，国家认证认可监督管理委员会、国家互联网信息办公室联合发布《认监委 国家互联网信息办公室关于网络关键设备和网络安全专用产品安全认证实施要求的公告》。

6月21日 国务院常务会议部署发展分享经济，培育壮大新动能。

6月24日 中国首个5G基站在广州大学城正式开通。

7月8日 国务院印发《新一代人工智能发展规划》。

8月8日 中央网信办、教育部印发《一流网络安全学院建设示范项目管理办法》。2023年7月，中央网信办、教育部、财政部联合修订印发《一流网络安全学院建设示范项目管理办法》。

8月15日 中共中央办公厅发布《党委（党组）网络安全工作责任制实施办法》，自发布之日起施行。

8月18日 全国首家互联网法院——杭州互联网法院正式挂牌成立，集中管辖互联网特定类型案件。2018年9月9日，北京互联网法院成立。2018年9月28日，广州互联网法院成立。

8月21日 工业和信息化部公布《公共互联网网络安全威胁监测与处置办法》，自2018年1月1日起实施。

8月25日 国家互联网信息办公室发布《互联网跟帖评论服务管理规定》《互联网论坛社区服务管理规定》，自2017年10月1日起施行。

9月7日 国家互联网信息办公室发布《互联网群组信息服务管理规定》，自2017年10月8日起施行。

9月7日　国家互联网信息办公室印发《互联网用户公众账号信息服务管理规定》，自2017年10月8日起施行。2021年1月22日，新修订的《互联网用户公众账号信息服务管理规定》发布，自2021年2月22日起施行。

9月16日　中央网信办、教育部公布了首批一流网络安全学院建设示范项目，共7所高校：西安电子科技大学、东南大学、武汉大学、北京航空航天大学、四川大学、中国科学技术大学、战略支援部队信息工程大学。2019年9月16日，第二批一流网络安全学院建设示范项目新增4所高校：华中科技大学、北京邮电大学、上海交通大学、山东大学。2024年1月，新一期一流网络安全学院建设示范项目名单公布，共16所高校：华中科技大学、西安电子科技大学、北京航空航天大学、上海交通大学、山东大学、北京邮电大学、中国科学技术大学、东南大学、暨南大学、武汉大学、北京理工大学、湖南大学、哈尔滨工业大学、西北工业大学、天津大学、战略支援部队信息工程大学。

9月29日　世界首条量子保密通信干线——"京沪干线"正式开通。

10月4日　首轮中美执法及网络安全对话在美国华盛顿举行。

10月18日—24日　中国共产党第十九次全国代表大会举行。党的十九大报告明确提出要建设网络强国、数字中国、智慧社会。要推动互联网、大数据、人工智能和实体经济深度融合，培育新增长点、形成新动能；要牢牢掌握意识形态工作领导权，加强互联网内容建设，建立网络综合治理体系，营造清朗的网络空间。

10月30日　国家互联网信息办公室发布《互联网新闻信息服务单位内容管理从业人员管理办法》《互联网新闻信息服务新技术新应用安全评估管理规定》，自2017年12月1日起施行。

11月4日 十二届全国人大常委会第三十次会议修订《中华人民共和国反不正当竞争法》，自2018年1月1日起施行。该法增加互联网不正当竞争行为条款，规定经营者不得利用技术手段在互联网领域从事不正当竞争行为。2022年11月22日，国家市场监督管理总局就《中华人民共和国反不正当竞争法（修订草案征求意见稿）》向社会公开征求意见，修订草案征求意见稿结合数字经济领域竞争行为的特点，针对数据获取和使用中的不正当竞争行为、利用算法实施的不正当竞争行为，以及阻碍开放共享等网络新型不正当竞争行为作出详细规定。

11月5日 北斗三号第一、二颗组网卫星以"一箭双星"方式成功发射，标志着北斗卫星导航系统全球组网的开始。这也是和美国全球定位系统（GPS）、俄罗斯格洛纳斯系统、欧洲伽利略系统并列的全球卫星导航系统。2018年12月27日，北斗三号基本系统宣告建成，并开始提供全球服务。2020年7月31日，北斗三号全球卫星导航系统建成暨开通仪式举行，习近平宣布北斗三号全球卫星导航系统正式开通。

11月14日 工业和信息化部印发《公共互联网网络安全突发事件应急预案》。

11月15日 科技部宣布百度、阿里云、腾讯、科大讯飞等公司为首批国家新一代人工智能开放创新平台。

11月19日 中共中央办公厅、国务院办公厅印发《推进互联网协议第六版（IPv6）规模部署行动计划》，提出要用5到10年时间，形成下一代互联网自主技术体系和产业生态，建成全球最大规模的IPv6商业应用网络，实现下一代互联网在经济社会各领域深度融合应用。

11月27日 《国务院关于深化"互联网＋先进制造业"发展工

业互联网的指导意见》印发。

12月3日—5日 第四届世界互联网大会乌镇峰会举行。习近平致贺信指出，我们倡导"四项原则"、"五点主张"，就是希望与国际社会一道，尊重网络主权，发扬伙伴精神，大家的事由大家商量着办，做到发展共同推进、安全共同维护、治理共同参与、成果共同分享。本届大会主题为"发展数字经济　促进开放共享——携手共建网络空间命运共同体"。

12月4日 中国网络空间研究院编写的《世界互联网发展报告2017》《中国互联网发展报告2017》在第四届世界互联网大会上发布。这是世界互联网大会举办以来，首次面向全球发布互联网领域最新学术研究成果。此后，中国网络空间研究院在每届世界互联网大会上发布年度《世界互联网发展报告》《中国互联网发展报告》。

12月8日 十九届中共中央政治局就实施国家大数据战略进行第二次集体学习。习近平在主持学习时强调，大数据是信息化发展的新阶段，要推动大数据技术产业创新发展，推动实施国家大数据战略，加快完善数字基础设施，推进数据资源整合和开放共享，保障数据安全，加快建设数字中国，更好服务我国经济社会发展和人民生活改善。

12月12日 工业和信息化部与北京市正式签署共同打造国家网络安全产业园区的协议，拉开网络安全产业创新发展序幕。

12月13日 工业和信息化部印发《促进新一代人工智能产业发展三年行动计划（2018—2020年）》。

本年 中共中央印发《中国共产党党务公开条例（试行）》，提出需要向社会公开的党务信息，优先使用党报党刊、电台电视台、重点新闻网站等党的媒体进行发布。

二〇一八年

1月11日 中国、缅甸、老挝、泰国、柬埔寨、越南联合发布《澜沧江—湄公河合作五年行动计划（2018—2022）》，提出信息网络基础设施建设、打击网络恐怖主义和网络犯罪等多项务实合作。

2月2日 国家互联网信息办公室公布《微博客信息服务管理规定》，自2018年3月20日起施行。

2月14日 国家制造强国建设领导小组设立工业互联网专项工作组，统筹协调我国工业互联网发展的全局性工作，专项工作组聘请有关方面专家组成工业互联网战略咨询专家委员会。

3月 中共中央印发《深化党和国家机构改革方案》，将中央网络安全和信息化领导小组改为中央网络安全和信息化委员会，负责网信领域重大工作的顶层设计、总体布局、统筹协调、整体推进、督促落实。委员会的办事机构为中央网络安全和信息化委员会办公室。国家计算机网络与信息安全管理中心调整为由中央网络安全和信息化委员会办公室管理。

4月20日—21日 全国网络安全和信息化工作会议召开。习近平指出，信息化为中华民族带来千载难逢的机遇。我们必须敏锐抓住信息化发展的历史机遇，加强网上正面宣传，维护网络安全，推动信息领域核心技术突破，发挥信息化对经济社会发展的引领作用，加强网信领域军民融合，主动参与网络空间国际治理进程，自主创新推进网络强国建设，为决胜全面建成小康社会、夺取新时代中国特色社会主义伟大胜利、实现中华民族伟大复兴的中国梦作出新的贡献。

4月22日—24日 首届数字中国建设峰会在福建福州举行。习近平致贺信强调，党的十九大对建设网络强国、数字中国、智慧社会作出战略部署。加快数字中国建设，就是要适应我国发展新的历史方位，全面贯彻新发展理念，以信息化培育新动能，用新动能推动新发展，以新发展创造新辉煌。峰会主题为"以信息化驱动现代化，加快建设数字中国"，会上发布《数字中国建设发展报告（2017年）》。

4月28日 工业和信息化部发布《关于移动通信转售业务正式商用的通告》。

5月3日 工业和信息化部印发《关于推进网络扶贫的实施方案（2018—2020年）》。

5月9日 中国网络社会组织联合会在北京成立。

5月22日 国家发展改革委办公厅、中央网信办秘书局、工业和信息化部办公厅联合发布《关于做好引导和规范共享经济健康良性发展有关工作的通知》。

5月24日 首届中国工业信息安全大会在北京召开，主题为"筑工信安全，建网络强国"。

5月26日—29日 2018中国国际大数据产业博览会在贵州贵阳召开。习近平致贺信强调，中国高度重视大数据发展。我们秉持创新、协调、绿色、开放、共享的发展理念，围绕建设网络强国、数字中国、智慧社会，全面实施国家大数据战略，助力中国经济从高速增长转向高质量发展。

5月31日　工业和信息化部印发《工业互联网发展行动计划（2018—2020年）》。

6月　国家互联网信息办公室指导北京市网信办会同北京市工商局依法联合约谈抖音、搜狗、北京多彩互动广告有限公司、北京爱普新媒体科技有限公司、霍尔果斯宝盛广告有限公司，要求全面自查清理涉侮辱调侃英雄烈士信息，不得将邱少云等英雄烈士的姓名、肖像用于商业广告，损害英雄烈士的名誉、荣誉。

7月　国务院印发《关于加快推进全国一体化在线政务服务平台建设的指导意见》。

8月21日　习近平在全国宣传思想工作会议上讲话指出，我们必须科学认识网络传播规律，提高用网治网水平，使互联网这个最大变量变成事业发展的最大增量。

8月23日—25日　首届中国国际智能产业博览会在重庆举行。习近平致贺信指出，我们正处在新一轮科技革命和产业变革蓄势待发的时期，以互联网、大数据、人工智能为代表的新一代信息技术日新月异。促进数字经济和实体经济融合发展，加快新旧发展动能接续转换，打造新产业新业态，是各国面临的共同任务。中国愿积极参与数字经济国际合作，同各国携手推动数字经济健康发展，为世界经济增长培育新动力、开辟新空间。

8月29日　由中央网信办违法和不良信息举报中心主办、新华网承办的中国互联网联合辟谣平台正式上线。2021年2月，多家地方辟谣平台、主要网站纳入中国互联网联合辟谣平台成员（合作）单位，形成32家中央和国家机关为指导单位，34家省市级辟谣平台、行业性辟谣平台和主要网站为成员（合作）单位的联动辟谣体系。

8月31日 十三届全国人大常委会第五次会议通过《中华人民共和国电子商务法》，自2019年1月1日起施行。该法是我国电子商务领域第一部综合性法律。

9月3日—4日 2018年中非合作论坛北京峰会举行。会议通过《中非合作论坛—北京行动计划（2019—2021年）》，提出共同努力缩小非洲数字鸿沟，推进非洲信息社会建设，在数字经济、网络安全等领域加强务实合作和理念、经验交流。

9月21日 中央组织部、中央网信办在广东深圳召开全国互联网企业党建工作座谈会。

10月25日 全国深度贫困地区网络扶贫工作现场推进会暨网络扶贫凉山行活动在四川凉山举行。

10月31日 十九届中共中央政治局就人工智能发展现状和趋势进行第九次集体学习。习近平在主持学习时强调，要深刻认识加快发展新一代人工智能的重大意义，加强领导，做好规划，明确任务，夯实基础，促进其同经济社会发展深度融合，推动我国新一代人工智能健康发展。

11月7日—9日 第五届世界互联网大会乌镇峰会举行。习近平致贺信强调，世界各国虽然国情不同、互联网发展阶段不同、面临的现实挑战不同，但推动数字经济发展的愿望相同、应对网络安全挑战的利益相同、加强网络空间治理的需求相同。各国应该深化务实合作，以共进为动力、以共赢为目标，走出一条互信共治之路，让网络空间命运共同体更具生机活力。本届大会主题为"创造互信共治的数字世界——携手共建网络空间命运共同体"。

11月15日 国家互联网信息办公室、公安部联合发布《具有舆论属性或社会动员能力的互联网信息服务安全评估规定》。

12 月 10 日 首届中国网络诚信人会在北京举行。随后 3 年分别在陕西西安、山东曲阜、湖南长沙举行。

12 月 19 日—21 日 中央经济工作会议举行。会议指出，加快 5G 商用步伐，加强人工智能、工业互联网、物联网等新型基础设施建设。

12 月 26 日 国家互联网信息办公室发布《金融信息服务管理规定》，自 2019 年 2 月 1 日起施行。

二〇一九年

1 月 10 日　国家互联网信息办公室发布《区块链信息服务管理规定》，自 2019 年 2 月 15 日起施行。

1 月 14 日　中央网信办印发《2018—2022 年网信系统干部教育培训规划》。2023 年 11 月 16 日，中央网信办印发《全国网信干部人才教育培训规划（2023—2027 年）》。

1 月 23 日　中央网信办、工业和信息化部、公安部、市场监管总局联合发布《关于开展 App 违法违规收集使用个人信息专项治理的公告》，决定自 2019 年 1 月至 12 月，在全国范围组织开展 App 违法违规收集使用个人信息专项治理。

1 月 25 日　十九届中共中央政治局就全媒体时代和媒体融合发展进行第十二次集体学习。习近平在主持学习时强调，推动媒体融合发展、建设全媒体成为我们面临的一项紧迫课题。要运用信息革命成果，推动媒体融合向纵深发展，做大做强主流舆论，巩固全党全国人民团结奋斗的共同思想基础，为实现"两个一百年"奋斗目标、实现中华民族伟大复兴的中国梦提供强大精神力量和舆论支持。

3 月 13 日　《市场监管总局　中央网信办关于开展 App 安全认证工作的公告》发布。

3 月 22 日　由中央网信办违法和不良信息举报中心主办的"中国互联网辟谣影响力 2018 年度优秀作品发布会"在北京举行。此后该活动每年举办，旨在深化网络联动辟谣工作，提升全民识谣辨谣能力。

3 月 30 日　国家互联网信息办公室发布《境内区块链信息服务备案清单（第一批）》，包含 197 个区块链信息服务名称及备案编号。截至 2024 年 3 月，共发布 14 批境内区块链信息服务名称及备案编号。

4 月 26 日　《国务院关于在线政务服务的若干规定》公布，自公布之日起施行。

4 月　国务院"互联网＋督查"平台正式上线运行。

5 月 6 日—8 日　第二届数字中国建设峰会在福建福州举行，国家互联网信息办公室发布《数字中国建设发展报告（2018 年）》。

5 月 13 日　国家市场监督管理总局、国家标准化管理委员会发布了 3 个网络安全领域的国家标准：《信息安全技术　网络安全等级保护基本要求》（GB/T 22239—2019）、《信息安全技术　网络安全等级保护安全设计技术要求》（GB/T 25070—2019）、《信息安全技术　网络安全等级保护测评要求》（GB/T 28448—2019），自 2019 年 12 月 1 日起实施，标志着我国进入等级保护 2.0 时代。

5 月 14 日　首届全国网络社会组织党建工作交流会在吉林长春举行。

5 月 16 日—18 日　中国政府和联合国教科文组织在北京合作举办首届国际人工智能与教育大会，习近平致贺信。会议期间举办了主题展览并通过了成果文件《北京共识》。

6 月 6 日　工业和信息化部向中国电信、中国移动、中国联通、中国广电四家运营商颁发 5G 牌照，中国通信行业进入 5G 时代。

6月19日　"2019中德互联网经济对话"在北京举行。中国国家互联网信息办公室与德国联邦经济和能源部共同发布《2019中德互联网经济对话成果文件》。

6月29日　中共中央印发《中国共产党宣传工作条例》，规定了各级党委宣传部应承担宏观指导互联网宣传和信息内容建设管理工作，统筹协调新媒体建设与管理等工作职责。

7月2日　国家互联网信息办公室、国家发展和改革委员会、工业和信息化部、财政部联合发布《云计算服务安全评估办法》，自2019年9月1日起施行。

7月18日　由中国网络社会组织联合会和联合国儿童基金会联合主办的2019未成年人网络保护研讨会在北京召开。

7月24日　中央全面深化改革委员会第九次会议审议通过《关于加快建立网络综合治理体系的意见》，明确了我国网络综合治理体系建设的内容，对网络综合治理提出了新要求，为网络综合治理指明了发展道路。

7月26日　工业和信息化部、教育部、人力资源和社会保障部、生态环境部、国家卫生健康委员会、应急管理部、国务院国有资产监督管理委员会、国家市场监督管理总局、国家能源局、国家国防科技工业局十部门联合印发《加强工业互联网安全工作的指导意见》。

8月8日　《国务院办公厅关于促进平台经济规范健康发展的指导意见》发布。

8月13日　科技部、中央宣传部、中央网信办、财政部、文化和旅游部、广播电视总局六部门联合发布《关于促进文化和科技深度融合的指导意见》。

8月22日 国家互联网信息办公室发布《儿童个人信息网络保护规定》，自2019年10月1日起施行。

8月 中国科学院发起"香山"开源高性能RISC-V处理器核项目。第一代"香山"RISC-V开源高性能处理器于2021年8月研制成功，为同期全球性能最高；2024年4月，第三代处理器核发布，性能水平进入全球第一梯队，成为国际开源社区性能最强、最活跃的RISC-V处理器核，并入选2024中关村论坛十项重大成果。

9月5日 2019网上丝绸之路大会在宁夏银川召开，来自中国和"一带一路"沿线20多个国家的500多名政府主管部门官员、专家学者、企业代表出席会议。会议聚焦"网上丝路·互利共赢"，围绕信息基础设施建设、互联网新技术新应用等内容进行研讨。

9月16日—22日 第六个国家网络安全宣传周举办，习近平作出重要指示强调，国家网络安全工作要坚持网络安全为人民、网络安全靠人民，保障个人信息安全，维护公民在网络空间的合法权益。要坚持网络安全教育、技术、产业融合发展，形成人才培养、技术创新、产业发展的良性生态。要坚持促进发展和依法管理相统一，既大力培育人工智能、物联网、下一代通信网络等新技术新应用，又积极利用法律法规和标准规范引导新技术应用。要坚持安全可控和开放创新并重，立足于开放环境维护网络安全，加强国际交流合作，提升广大人民群众在网络空间的获得感、幸福感、安全感。

9月19日 教育部、中央网信办、国家发展改革委、工业和信息化部、公安部、财政部、中国人民银行、市场监管总局、中国银保监会、中国证监会、国家知识产权局十一部门联合印发《关于促进在线教育健康发展的指导意见》。

10月16日 工业和信息化部启动新型互联网交换中心试点工

作，设立国家（杭州）新型互联网交换中心。

10月18日 工业互联网全球峰会在辽宁沈阳召开。习近平致贺信指出，全球新一轮科技革命和产业革命加速发展，工业互联网技术不断突破，为各国经济创新发展注入了新动能，也为促进全球产业融合发展提供了新机遇。中国高度重视工业互联网创新发展，愿同国际社会一道，持续提升工业互联网创新能力，推动工业化与信息化在更广范围、更深程度、更高水平上实现融合发展。

10月20日—22日 第六届世界互联网大会乌镇峰会举行。习近平致贺信指出，发展好、运用好、治理好互联网，让互联网更好造福人类，是国际社会的共同责任。各国应顺应时代潮流，勇担发展责任，共迎风险挑战，共同推进网络空间全球治理，努力推动构建网络空间命运共同体。本届大会主题为"智能互联 开放合作——携手共建网络空间命运共同体"。

10月24日 十九届中共中央政治局就区块链技术发展现状和趋势进行第十八次集体学习。习近平在主持学习时强调，区块链技术的集成应用在新的技术革新和产业变革中起着重要作用。我们要把区块链作为核心技术自主创新的重要突破口，明确主攻方向，加大投入力度，着力攻克一批关键核心技术，加快推动区块链技术和产业创新发展。相关部门及其负责领导同志要注意区块链技术发展现状和趋势，提高运用和管理区块链技术能力，使区块链技术在建设网络强国、发展数字经济、助力经济社会发展等方面发挥更大作用。

10月26日 十三届全国人大常委会第十四次会议通过《中华人民共和国密码法》，自2020年1月1日起施行。

10月28日—31日 党的十九届四中全会召开。全会通过《中共中央关于坚持和完善中国特色社会主义制度 推进国家治理体系和治理能力现代化若干重大问题的决定》，对网信工作作出一系列新部署，要求建立健全网络综合治理体系，全面提高网络治理能力，营造清朗的网络空间，推进国家治理体系和治理能力现代化。

11 月 11 日　工业和信息化部印发《携号转网服务管理规定》。11 月 27 日，全国携号转网服务正式启动，全国携号转网系统正式上线运行。

11 月 18 日　国家互联网信息办公室、文化和旅游部、国家广播电视总局联合印发《网络音视频信息服务管理规定》，自 2020 年 1 月 1 日起施行。

11 月 19 日　工业和信息化部办公厅印发《"5G+ 工业互联网"512 工程推进方案》，明确到 2022 年，突破一批面向工业互联网特定需求的 5G 关键技术，"5G+ 工业互联网"的产业支撑能力显著提升。

11 月 20 日—23 日　首届世界 5G 大会在北京举行。2020 年至 2023 年，世界 5G 大会分别在广东广州、北京、黑龙江哈尔滨、河南郑州举行。

11 月 28 日　国家互联网信息办公室秘书局、工业和信息化部办公厅、公安部办公厅、国家市场监督管理总局办公厅联合印发《App 违法违规收集使用个人信息行为认定方法》。

12 月 4 日　最高人民法院发布《中国法院的互联网司法》白皮书，这是我国法院发布的首部互联网司法白皮书。

12 月 6 日　国家发展改革委、教育部、民政部、商务部、文化和旅游部、卫生健康委、体育总局印发《关于促进"互联网＋社会服务"发展的意见》。

12 月 15 日　国家互联网信息办公室发布《网络信息内容生态治理规定》，自 2020 年 3 月 1 日起施行。

12 月 27 日　第 74 届联合国大会表决通过中国、俄罗斯等 47 国共同提出的《打击为犯罪目的使用信息通信技术》决议，正式开启谈判制定打击网络犯罪全球性公约的进程。

本年　中共中央办公厅、国务院办公厅印发《数字乡村发展战略纲要》。

本年　中共中央组织部、中央网信办印发《关于加强互联网企业党的建设工作的意见》。

二〇二〇年

2月4日 中央网络安全和信息化委员会办公室发布《关于做好个人信息保护利用大数据支撑联防联控工作的通知》，旨在做好疫情联防联控中的个人信息保护，积极利用包括个人信息在内的大数据支撑联防联控工作。

3月6日 《工业和信息化部办公厅关于推动工业互联网加快发展的通知》发布。

3月18日 中央网信办、国家发展改革委、国务院扶贫办、工业和信息化部联合印发《2020年网络扶贫工作要点》。

3月30日 《中共中央 国务院关于构建更加完善的要素市场化配置体制机制的意见》发布，提出要加快培育数据要素市场。

4月7日 国家发展改革委、中央网信办印发《关于推进"上云用数赋智"行动 培育新经济发展实施方案》。

4月18日 《国家卫生健康委办公厅关于进一步推动互联网医疗服务发展和规范管理的通知》发布。

5月22日 国家互联网信息办公室启动2020"清朗"专项行动。2020年"清朗"专项行动包括2020"清朗"未成年人暑期网络环境专项整治等。

5月28日 十三届全国人大常委会第三次会议表决通过《中华人民共和国民法典》，自2021年1月1日起施行。该法典明确了法律对数据、网络虚拟财产的保护，以及利用网络侵害他人财产权益行为的侵权责任。

6月8日 中央网络安全和信息化委员会办公室专家咨询委员会成立大会在北京召开。

6月10日 国家互联网信息办公室指导北京市互联网信息办公室，约谈新浪微博负责人，针对微博在蒋某舆论事件中干扰网上传播秩序，以及传播违法违规信息等问题，责令其立即整改。同时，要求北京市互联网信息办公室对新浪微博依法从严予以罚款的行政处罚。

6月 工业和信息化部等四部门印发促进网络安全产业发展指导意见。

7月18日 中央网信办、农业农村部、国家发展改革委、工业和信息化部、科技部、市场监管总局、国务院扶贫办七部门联合印发《关于开展国家数字乡村试点工作的通知》。10月23日，首批国家数字乡村试点地区名单公布。

7月27日 国家标准化管理委员会、中央网信办、国家发展改革委、科技部、工业和信息化部联合印发《国家新一代人工智能标准体系建设指南》。

9月8日 中国在"抓住数字机遇，共谋合作发展"国际研讨会上提出《全球数据安全倡议》。

9月27日 由中央网信办、上海市委网信委、新华社联合主办的2020中国网络媒体论坛在上海举行，本次论坛以"变局中开新局：中国网络媒体的责任和使命"为主题。中国网络媒体论坛是我国网络媒体界层次最高、最具权威性和影响力的年度会议。

10月12日　第三届数字中国建设峰会在福建福州开幕。习近平致贺信强调，要立足推动高质量发展、形成新发展格局，更好发挥信息化在推动经济社会发展、推进国家治理体系和治理能力现代化、满足人民日益增长的美好生活需要等方面的重要作用。本次峰会举办数字福建建设20周年相关活动，回顾数字福建历程，展望数字中国未来。

10月16日　十九届中共中央政治局就量子科技研究和应用前景进行第二十四次集体学习。习近平在主持学习时强调，当今世界正经历百年未有之大变局，科技创新是其中一个关键变量。我们要于危机中育先机、于变局中开新局，必须向科技创新要答案。要充分认识推动量子科技发展的重要性和紧迫性，加强量子科技发展战略谋划和系统布局，把握大趋势，下好先手棋。

10月17日　十三届全国人大常委会第二十二次会议表决通过《中华人民共和国未成年人保护法（修订草案）》，增设网络保护专章，自2021年6月1日起施行。

10月24日　2020年全国网络扶贫暨数字乡村发展工作现场推进会在贵州贵阳召开。

10月26日—29日　党的十九届五中全会召开。全会通过《中共中央关于制定国民经济和社会发展第十四个五年规划和二〇三五年远景目标的建议》，提出要坚定不移建设制造强国、质量强国、网络强国、数字中国，要加快数字化发展。

11月12日　第23次中国—东盟领导人会议通过《中国—东盟关于建立数字经济合作伙伴关系的倡议》，双方正式建立数字经济合作伙伴关系。

11 月 15 日　国务院办公厅印发《关于切实解决老年人运用智能技术困难的实施方案》。

11 月 16 日—17 日　中央全面依法治国工作会议召开，明确了习近平法治思想在全面依法治国工作中的指导地位。习近平强调，要积极推进国家安全、科技创新、公共卫生、生物安全、生态文明、防范风险、涉外法治等重要领域立法，健全国家治理急需的法律制度、满足人民日益增长的美好生活需要必备的法律制度，填补空白点、补强薄弱点。数字经济、互联网金融、人工智能、大数据、云计算等新技术新应用快速发展，催生一系列新业态新模式，但相关法律制度还存在时间差、空白区。网络犯罪已成为危害我国国家政治安全、网络安全、社会安全、经济安全等的重要风险之一。

11 月 20 日　首届 5G+ 工业互联网大会在湖北武汉召开。习近平致贺信强调，5G 与工业互联网的融合将加速数字中国、智慧社会建设，加速中国新型工业化进程，为中国经济发展注入新动能。

11 月 23 日—24 日　世界互联网大会·互联网发展论坛在浙江乌镇举行。习近平致贺信强调，中国愿同世界各国一道，把握信息革命历史机遇，培育创新发展新动能，开创数字合作新局面，打造网络安全新格局，构建网络空间命运共同体，携手创造人类更加美好的未来。本届大会主题为"数字赋能　共创未来——携手构建网络空间命运共同体"。

11 月 27 日　中央网信办、教育部联合印发《关于进一步加强涉未成年人网课平台规范管理的通知》。

12 月 1 日　中共中央印发《法治社会建设实施纲要（2020—2025 年）》，就依法治理网络空间作出专门部署。

12 月 1 日　中共中央印发《法治中国建设规划（2020—2025 年）》，

强调要加强信息技术领域立法，及时跟进研究数字经济、互联网金融、人工智能、大数据、云计算等相关法律制度。加快推进"互联网＋政务服务"，加强互联网法院建设，全面建设"智慧法治"，推进法治中国建设的数据化、网络化、智能化。

12月11日　中央网信办在福建宁德举办"学习大军"理论网宣基层经验交流会。

12月18日　人力资源社会保障部公布《网络招聘服务管理规定》，自2021年3月1日起施行。

12月25日　工业和信息化部发布《电信和互联网行业数据安全标准体系建设指南》。

二〇二一年

1月12日 中华人民共和国国家互联网信息办公室与印度尼西亚共和国国家网络与密码局在印尼签署《关于发展网络安全能力建设和技术合作的谅解备忘录》，双方一致同意进一步加强在网络安全领域的合作。

1月18日 国际组织数据标识符管理委员会（DIMC）正式批准工业互联网标识专属国际数据标识符（DI）"15N"并授权中国信息通信研究院负责管理和维护。"15N"代表工业互联网标识，用于中国工业互联网标识解析体系。

1月20日 教育部、国家发展改革委、工业和信息化部、财政部、国家广播电视总局五部委联合印发《关于大力加强中小学线上教育教学资源建设与应用的意见》。

1月22日 第一次中国—东盟数字部长会议以视频形式召开。2001年11月在文莱举行的第五次中国—东盟领导人会议将信息通信确定为双方重点合作领域。2006年至2019年，举行14次中国—东盟电信部长会议。自2021年起，该机制更名为中国—东盟数字部长会议。2022年1月28日，第二次中国—东盟数字部长会议通过了《关于落实中国—东盟数字经济合作伙伴关系的行动计划（2021—2025）》。

1月25日 习近平以视频方式出席世界经济论坛"达沃斯议程"对话会并发表特别致辞，提出要秉持以人为中心、基于事实的政策导向，探讨制定全球数字治理规则。

1月 《习近平关于网络强国论述摘编》出版发行。该书由中共中央党史和文献研究院编辑，中央文献出版社出版。该书分9个专题，共计285段论述，摘自习近平2013年3月4日至2020年11月23日期间的讲话、报告、演讲、指示、批示、贺信等100篇重要文献。其中许多论述是第一次公开发表。

2月4日 国家互联网信息办公室启动2021"清朗·春节网络环境"专项行动。2021年清朗系列活动还包括"清朗·'饭圈'乱象整治""清朗·移动应用程序PUSH弹窗突出问题专项整治""清朗·商业网站平台和'自媒体'违规采编发布财经类信息专项整治""清朗·互联网用户账号运营乱象专项整治行动""清朗·打击流量造假、黑公关、网络水军"等。

2月5日 中国演出行业协会制定并发布《演出行业演艺人员从业自律管理办法》，明确将"网络表演经营单位等中国演出行业协会会员所属平台、媒体等策划、组织、开展的直播、录播活动，以及与之相关的宣传、推介、营销、赞助、表彰、奖励等活动"纳入自律管理从业范围。

2月7日 《国务院反垄断委员会关于平台经济领域的反垄断指南》印发，针对平台经济领域经营者利用数据、算法等达成横向垄断协议、纵向垄断协议和轴辐协议等情况，以及平台经济领域经营者滥用市场支配地位，利用算法排除、限制竞争等情况作出了相关规定。

2月9日 国家互联网信息办公室、全国"扫黄打非"工作小组办公室、工业和信息化部、公安部、文化和旅游部、国家市场监督管理总局、国家广播电视总局七部门联合发布《关于加强网络直播规范管理工作的指导意见》。

3月12日 国家互联网信息办公室秘书局、工业和信息化部办公厅、公安部办公厅、国家市场监督管理总局办公厅四部门联合发布《常见类型移动互联网应用程序必要个人信息范围规定》，自2021年5月1日起施行。

3月15日 国家市场监督管理总局出台《网络交易监督管理办法》，自2021年5月1日起施行。

3月29日 中国同阿拉伯国家联盟发表《中阿数据安全合作倡议》，阿拉伯国家成为全球首个与中国共同发表数据安全倡议的地区。

3月 国家互联网信息办公室、公安部指导各地网信部门、公安机关加强对语音社交软件和涉"深度伪造"技术的互联网新技术新应用安全评估工作。

4月19日 中央网信办召开学习宣传贯彻习近平总书记关于网络强国的重要思想理论研讨会。

4月20日 习近平在博鳌亚洲论坛2021年年会开幕式上发表视频主旨演讲，强调要抓住新一轮科技革命和产业变革的历史机遇，大力发展数字经济，在人工智能、生物医药、现代能源等领域加强交流合作，使科技创新成果更好造福各国人民。

4月20日 中央网信办召开全国网络生态治理工作座谈会。

4月23日 国家互联网信息办公室、公安部、商务部、文化和旅游部、国家税务总局、国家市场监督管理总局、国家广播电视总局七部门联合发布《网络直播营销管理办法（试行）》，自2021年5

月 25 日起施行。

4 月 25 日 2021 年全国数字乡村建设工作推进会在福建福州举行。2022 年、2023 年分别在浙江德清、黑龙江佳木斯举行全国数字乡村建设现场推进会。

4 月 25 日—26 日 第四届数字中国建设峰会在福建福州举行，主题为"激发数据要素新动能，开启数字中国新征程"。《数字中国发展报告（2020 年）》在峰会上发布。

4 月 27 日 中国代表以视频方式参加第 75 届联合国大会数字合作与互联互通高级别主题辩论会，会议主题为"动员全社会力量，消除数字鸿沟"。

4 月 27 日—28 日 中央网信办在重庆召开全国网络法治工作会议。2023 年 2 月 13 日，全国网络法治工作会议在浙江杭州召开。2024 年 2 月 28 日，全国网络法治工作会议在天津召开。

4 月 29 日 十三届全国人大常委会第二十八次会议通过《中华人民共和国乡村振兴促进法》，提出推进智慧农业领域创新、推进数字乡村建设。

5 月 24 日 国家发展改革委、中央网信办、工业和信息化部、国家能源局联合印发《全国一体化大数据中心协同创新体系算力枢纽实施方案》。

5 月 27 日 国家统计局发布《数字经济及其核心产业统计分类（2021）》，从"数字产业化"和"产业数字化"两个方面，确定了数字经济的基本范围，将其分为数字产品制造业、数字产品服务业、数字技术应用业、数字要素驱动业、数字化效率提升业五大类。

5 月 28 日 习近平在中国科学院第二十次院士大会、中国工程院第十五次院士大会和中国科学技术协会第十次全国代表大会上的讲话中指出，要加快建设科技强国，实现高水平科技自立自强，要加强原创性、引领性科技攻关，坚决打赢关键核心技术攻坚战。

5月28日 国家卫生健康委办公厅、中央网信办秘书局、公安部办公厅、海关总署办公厅、市场监管总局办公厅、国家邮政局办公室、国家药监局综合司、国家中医药管理局办公室联合印发《打击非法医疗美容服务专项整治工作方案》。

6月7日 国家互联网信息办公室组织召开2021年国家打击治理跨境赌博网络工作组专题会议。

6月7日 国家发展改革委、国家能源局、中央网信办、工业和信息化部联合印发《能源领域5G应用实施方案》。

6月7日 《工业和信息化部 中央网络安全和信息化委员会办公室关于加快推动区块链技术应用和产业发展的指导意见》发布。

6月8日—9日 为落实习近平在亚太经合组织（APEC）第二十七次领导人非正式会议上的讲话精神，国家互联网信息办公室会同外交部、贵州省人民政府在贵州贵阳举办亚太经合组织数字减贫研讨会。

6月10日 十三届全国人大常委会第二十九次会议表决通过《中华人民共和国数据安全法》，自2021年9月1日起施行。该法是我国首部数据安全领域的基础性立法。

6月11日 《中央网信办、工业和信息化部、公安部、市场监管总局关于开展摄像头偷窥等黑产集中治理的公告》发布。

6月17日 最高人民法院印发《人民法院在线诉讼规则》。

6月18日 由中央网信办、教育部、共青团中央、北京大学共同主办的"把青春华章写在祖国大地上"大思政课网络主题宣传和互动引导活动启动仪式在北京大学举行。2022年11月25日，在厦门大学举行。2023 年 10 月 14 日，在四川大学举行。

6 月 18 日　全球首家丝绸之路数字博物馆上线。

6 月 25 日　中央网信办组织召开深入推进 IPv6 规模部署和应用贯彻落实会议。

6 月　中共中央、国务院转发《中央宣传部、司法部关于开展法治宣传教育的第八个五年规划（2021—2025 年）》，强调拓展普法网络平台，以互联网思维和全媒体视角深耕智慧普法，创新普法方法手段，建设融"报、网、端、微、屏"于一体的全媒体法治传播体系，使互联网变成普法创新发展的最大增量。

7 月 1 日　教育部、中央网信办、国家发展改革委、工业和信息化部、财政部、中国人民银行六部门印发《关于推进教育新型基础设施建设构建高质量教育支撑体系的指导意见》，推动教育数字转型、智能升级、融合创新。

7 月 5 日　网络安全审查办公室对"运满满""货车帮""BOSS 直聘"实施网络安全审查。审查期间"运满满""货车帮""BOSS 直聘"停止新用户注册。

7 月 5 日　工业和信息化部、中央网络安全和信息化委员会办公室、国家发展和改革委员会、教育部、财政部、住房和城乡建设部、文化和旅游部、国家卫生健康委员会、国务院国有资产监督管理委员会、国家能源局十部门印发《5G 应用"扬帆"行动计划（2021—2023 年）》。

7 月 8 日　工业和信息化部、中央网络安全和信息化委员会办公室印发《IPv6 流量提升三年专项行动计划（2021—2023 年）》。

7 月 12 日　工业和信息化部、国家互联网信息办公室、公安部印发《网络产品安全漏洞管理规定》，自 2021 年 9 月 1 日起施行。

7月12日 中央网络安全和信息化委员会办公室、国家发展和改革委员会、工业和信息化部印发《关于加快推进互联网协议第六版（IPv6）规模部署和应用工作的通知》。

7月16日 国家互联网信息办公室会同公安部、国家安全部、自然资源部、交通运输部、税务总局、市场监管总局六部门联合进驻滴滴出行科技有限公司，开展网络安全审查。

7月20日 商务部、中央网信办、工业和信息化部印发《数字经济对外投资合作工作指引》。

7月23日 中央网信办秘书局、农业农村部办公厅、国家发展和改革委员会办公厅、工业和信息化部办公厅、科学技术部办公厅、国家市场监督管理总局办公厅、国家乡村振兴局综合司七部门共同发布《数字乡村建设指南1.0》。2024年4月22日，中央网信办秘书局、农业农村部办公厅、国家发展和改革委员会办公厅、工业和信息化部办公厅、国家市场监督管理总局办公厅、国家数据局综合司联合印发《数字乡村建设指南2.0》。

7月25日 《国家互联网信息办公室关于开展境内金融信息服务报备工作的通知》印发。截至2024年4月，向社会公开发布了3批次38家报备机构名单。

7月30日 国务院发布《关键信息基础设施安全保护条例》，自2021年9月1日起施行。这是我国首部专门针对关键信息基础设施安全保护工作的行政法规，对保护关键信息基础设施、维护国家安全和公共利益具有重大意义。

8月2日 首届全球数字经济大会在北京开幕，以"创新引领·数据驱动——建设全球数字经济标杆城市"为主题。

8月16日 国家互联网信息办公室、国家发展和改革委员会、工业和信息化部、公安部、交通运输部联合发布《汽车数据安全管理若干规定（试行）》，自 2021 年 10 月 1 日起施行。

8 月 20 日 十三届全国人大常委会第三十次会议表决通过了《中华人民共和国个人信息保护法》，自 2021 年 11 月 1 日起施行。

8 月 21 日 工业和信息化部完成全国移动通信网 IP 多媒体子系统（IMS）互联互通部署任务，正式为用户提供服务。

8 月 23 日 中国—上海合作组织数字经济产业论坛、2021 中国国际智能产业博览会在重庆开幕。

8 月 24 日 中非互联网发展与合作论坛举办，发起"中非携手构建网络空间命运共同体倡议"。2024 年 4 月 2 日至 3 日，2024 年中非互联网发展与合作论坛举办，论坛发布《2024 年中非互联网发展与合作论坛关于中非人工智能合作的主席声明》。

8 月 25 日 中央网信办秘书局印发《关于进一步加强"饭圈"乱象治理的通知》。

8 月 30 日 文化和旅游部印发《网络表演经纪机构管理办法》，进一步明确网络表演平台、经纪机构、网络表演者三方关系。

8 月 中共中央、国务院印发《法治政府建设实施纲要（2021—2025 年）》，强调加强国家"互联网＋监管"系统建设，坚持运用互联网、大数据、人工智能等技术手段促进依法行政，及时跟进研究数字经济、互联网金融、人工智能、大数据、云计算等相关法律制度。

9 月 1 日 交通运输部会同中央网信办、工业和信息化部、公安部、国家市场监督管理总局等交通运输新业态协同监管部际联席会议成员单位，对 11 家网约车平台公司进行联合约谈。

9 月 7 日 以"数字助力，绿色发展"为主题的首届中国数字碳中和高峰论坛在四川成都举行。

9月8日 中央宣传部、国家新闻出版署有关负责人会同中央网信办、文化和旅游部等部门，对腾讯、网易等重点网络游戏企业和游戏账号租售平台、游戏直播平台进行约谈。

9月10日 教育部办公厅、中央网信办秘书局、工业和信息化部办公厅、公安部办公厅、民政部办公厅、市场监管总局办公厅印发《教育部办公厅等六部门关于做好现有线上学科类培训机构由备案改为审批工作的通知》。

9月10日 工业和信息化部、中央网络安全和信息化委员会办公室、科学技术部、生态环境部、住房和城乡建设部、农业农村部、国家卫生健康委员会、国家能源局联合印发《物联网新型基础设施建设三年行动计划（2021—2023年）》。

9月15日 国家互联网信息办公室发布《关于进一步压实网站平台信息内容管理主体责任的意见》。

9月16日 首届北斗规模应用国际峰会在湖南长沙开幕。习近平致贺信指出，全球数字化发展日益加快，时空信息、定位导航服务成为重要的新型基础设施。北斗系统造福中国人民，也造福世界各国人民。中国坚持开放融合、协调合作、兼容互补、成果共享，愿同各方一道，推动北斗卫星导航系统建设、推进北斗产业发展，共享北斗卫星导航系统成果，促进全球卫星导航事业进步，让北斗系统更好服务全球、造福人类。会议主题为"北斗服务世界，应用赋能未来"。

9月16日 中国正式申请加入《全面与进步跨太平洋伙伴关系协定》（CPTPP）。CPTPP条款涉及劳动力、资本、数据和技术四个领域的政策。

9月17日 在中国的积极推动下，上海合作组织信息安全专家组一致通过《上合组织成员国保障国际信息安全2022—2023年合作计划》。

9月17日 国家互联网信息办公室、中央宣传部、教育部、科学技术部、工业和信息化部、公安部、文化和旅游部、国家市场监督管理总局、国家广播电视总局九部门联合发布《关于加强互联网信息服务算法综合治理的指导意见》。

9月26日—28日 2021年世界互联网大会乌镇峰会举行。习近平致贺信指出，世界百年变局和世纪疫情交织叠加，国际社会迫切需要携起手来，顺应信息化、数字化、网络化、智能化发展趋势，抓住机遇，应对挑战。强调中国愿同世界各国一道，共同担起为人类谋进步的历史责任，激发数字经济活力，增强数字政府效能，优化数字社会环境，构建数字合作格局，筑牢数字安全屏障，让数字文明造福各国人民，推动构建人类命运共同体。本届大会主题为"迈向数字文明新时代——携手构建网络空间命运共同体"。

9月28日 中国人民银行办公厅、中央网络安全和信息化委员会办公室秘书局、工业和信息化部办公厅、中国银行保险监督管理委员会办公厅、中国证券监督管理委员会办公厅联合发布《关于规范金融业开源技术应用与发展的意见》。

9月29日 《文化和旅游部关于规范演出经纪行为加强演员管理促进演出市场健康有序发展的通知》发布。针对一段时间以来文娱领域出现的艺人违法失德、"饭圈"乱象等问题，严格演出资质管理、规范演员从业行为、加强演出活动监管，对促进演出市场健康有序发展提出明确要求。要求做好粉丝正面引导，做好相关网络账号的内容监督。对扰乱网络公共秩序和社会秩序的粉丝群体，应当督促演员主动发声，积极引导。

9月　中共中央办公厅、国务院办公厅印发《关于加强网络文明建设的意见》。

9月　中共中央、国务院印发《知识产权强国建设纲要（2021—2035年）》，提出探索完善互联网领域知识产权保护制度。

9月　中央网信办组织召开深入推进IPv6规模部署和应用统筹协调机制会议。

10月9日　商务部、中央网信办、国家发展改革委印发《"十四五"电子商务发展规划》。

10月9日　首届中国新电商大会在吉林长春举行。至2023年中国新电商大会已举办3届。

10月11日　2021中国IPv6创新发展大会在北京开幕，主题为"创新赋能，筑基未来"。2023年7月3日，第二届中国IPv6创新发展大会在浙江金华开幕，主题为"深耕广拓、汇智赋能"。

10月15日　人力资源社会保障部办公厅、中央网信办秘书局、国家广播电视总局办公厅共同制定互联网营销师国家职业技能标准，并予颁布施行。

10月18日　十九届中共中央政治局就推动我国数字经济健康发展进行第三十四次集体学习。习近平在主持学习时强调，互联网、大数据、云计算、人工智能、区块链等技术加速创新，日益融入经济社会发展各领域全过程，数字经济发展速度之快、辐射范围之广、影响程度之深前所未有，正在成为重组全球要素资源、重塑全球经济结构、改变全球竞争格局的关键力量。要站在统筹中华民族伟大复兴战略全局和世界百年未有之大变局的高度，统筹国内国际两个大局、发展安全两件大事，充分发挥海量数据和丰富应用场景优势，促进数字技术与实体经济深度融合，赋能传统产业转型升级，催生新产业新业态新模式，不断做强做优做大我国数字经济。

10 月 20 日 国家互联网信息办公室公布新版《互联网新闻信息稿源单位名单》。名单涵盖中央新闻网站、中央新闻单位、行业媒体、地方新闻网站、地方新闻单位和政务发布平台等共 1358 家稿源单位。2016 版《互联网新闻信息稿源单位名单》同时作废。

10 月 25 日 第三届全国信息安全标准化技术委员会第一次全体会议在北京召开。

10 月 25 日 交通运输部印发《数字交通"十四五"发展规划》。

10 月 26 日 中央网信办印发《关于进一步加强娱乐明星网上信息规范相关工作的通知》。

10 月 28 日 中央网信办、国家发展改革委、工业和信息化部、教育部、科技部、公安部、财政部、住房和城乡建设部、水利部、中国人民银行、国务院国资委、国家广电总局联合印发《关于开展 IPv6 技术创新和融合应用试点工作的通知》。

10 月 中央网络安全和信息化委员会印发《提升全民数字素养与技能行动纲要》，对提升全民数字素养与技能作出安排部署。

10 月 工业和信息化部印发网络安全产业发展三年行动计划。

11 月 1 日 中国正式申请加入《数字经济伙伴关系协定》（DEPA）。

11 月 3 日 市场监管总局、中央宣传部、中央网信办、教育部、民政部、住房和城乡建设部、国务院国资委、国家广播电视总局八部门发布《关于做好校外培训广告管控的通知》。

11 月 10 日 教育部印发《关于推动教育移动互联网应用程序管理与"双减"政策衔接的通知》。

11 月 17 日 交通运输部、中央宣传部、中央网信办、国家发展改革委、公安部、人力资源社会保障部、国家市场监督管理总局、中华全国总工会八部门联合印发《关于加强交通运输新业态从业人员权益保障工作的意见》。

11 月 19 日 首届中国网络文明大会在北京开幕。习近平致贺信强调，网络文明是新形势下社会文明的重要内容，是建设网络强国的重要领域。我国积极推进互联网内容建设，弘扬新风正气，深化网络生态治理，网络文明建设取得明显成效。本届大会主题为"汇聚向上向善力量，携手建设网络文明"，发布新时代网络文明建设十件大事和共建网络文明行动倡议。

11 月 25 日 由中央网信办、中央广播电视总台、广东省委网信委主办的 2021 中国网络媒体论坛在广东广州举行，论坛以"发展与秩序：让大流量澎湃正能量"为主题。

11 月 29 日《文化和旅游部办公厅关于加强网络文化市场未成年人保护工作的意见》发布。

11 月 29 日 中央网信办在北京召开数字乡村发展统筹协调机制第一次会议。

11 月 中央网络安全和信息化委员会办公室印发《网信系统法治宣传教育第八个五年规划（2021—2025 年）》，对网信系统"八五"普法工作作出安排部署。2022 年 7 月 21 日，全国"八五"网络普法工作推进会在北京召开。

12 月 3 日 国家宗教事务局、国家互联网信息办公室、工业和信息化部、公安部和国家安全部五部门联合公布《互联网宗教信息服务管理办法》，自 2022 年 3 月 1 日起施行。

12 月 6 日 十九届中共中央政治局就建设中国特色社会主义法

治体系进行第三十五次集体学习。习近平在主持学习时强调，要加强国家安全、科技创新、公共卫生、生物安全、生态文明、防范风险等重要领域立法，加快数字经济、互联网金融、人工智能、大数据、云计算等领域立法步伐，努力健全国家治理急需、满足人民日益增长的美好生活需要必备的法律制度。

12月15日 人力资源社会保障部、教育部、国家发展改革委、财政部印发《"十四五"职业技能培训规划》，提出要加强全民数字技能培训。

12月24日 国家发展改革委、市场监管总局、中央网信办、工业和信息化部、人力资源社会保障部、农业农村部、商务部、人民银行、税务总局九部门联合印发《关于推动平台经济规范健康持续发展的若干意见》。

12月27日 中央网信办在北京组织召开走好网上群众路线百个成绩突出账号推选活动总结交流视频会，通报表扬了走好网上群众路线百个成绩突出账号。

12月28日 国家互联网信息办公室、国家发展和改革委员会、工业和信息化部、公安部、国家安全部、财政部、商务部、中国人民银行、国家市场监督管理总局、国家广播电视总局、中国证券监督管理委员会、国家保密局、国家密码管理局十三部门联合修订了《网络安全审查办法》，自2022年2月15日起施行。2020年4月13日公布的《网络安全审查办法》同时废止。

12月31日 最高人民法院公布《人民法院在线调解规则》。

12月31日 国家互联网信息办公室、工业和信息化部、公安部、国家市场监督管理总局联合发布《互联网信息服务算法推荐管理规定》，自2022年3月1日起施行。

12 月　中央网络安全和信息化委员会印发《"十四五"国家信息化规划》。

本年　国家互联网信息办公室印发《关于贯彻落实〈法治政府建设实施纲要（2021—2025 年）〉的实施意见》。

二〇二二年

1月1日 《区域全面经济伙伴关系协定》（RCEP）正式生效，文莱、柬埔寨、老挝、新加坡、泰国、越南6个东盟成员国和中国、日本、新西兰、澳大利亚4个非东盟成员国正式开始实施协定。RCEP数字贸易规则为贸易便利化、减少数字贸易壁垒、数据安全与网络安全等方面作出了相应规定。

1月7日 工业和信息化部、国家互联网信息办公室、水利部、国家卫生健康委员会、应急管理部、中国人民银行、国家广播电视总局、中国银行保险监督管理委员会、中国证券监督管理委员会、国家能源局、国家铁路局、中国民用航空局十二部门发布《关于开展网络安全技术应用试点示范工作的通知》。

1月10日 2021中国正能量"五个一百"网络精品评选结果公布。

1月12日 国务院印发《"十四五"数字经济发展规划》。

1月17日 《工业和信息化部关于大众消费领域北斗推广应用的若干意见》印发。

1月19日 中央网信办组织召开数字化绿色化协同转型发展部际联席会议第一次会议。

1月20日　国务院办公厅印发《关于加快推进电子证照扩大应用领域和全国互通互认的意见》。

1月22日　工业和信息化部、国家发展改革委发布《关于促进云网融合　加快中小城市信息基础设施建设的通知》。

1月24日　十九届中共中央政治局就努力实现碳达峰碳中和目标进行第三十六次集体学习。习近平在主持学习时强调，要紧紧抓住新一轮科技革命和产业变革的机遇，推动互联网、大数据、人工智能、第五代移动通信（5G）等新兴技术与绿色低碳产业深度融合，建设绿色制造体系和服务体系，提高绿色低碳产业在经济总量中的比重。

1月25日　国家互联网信息办公室、工业和信息化部、公安部、国家认证认可监督管理委员会联合发布《关于统一发布网络关键设备和网络安全专用产品安全认证和安全检测结果的公告》。

1月28日　中央网信办会同国家发展改革委、工业和信息化部、市场监管总局召开促进互联网企业健康持续发展工作座谈会。

1月　中央网信办、农业农村部、国家发展改革委、工业和信息化部、科技部、住房和城乡建设部、商务部、市场监管总局、国家广播电视总局、国家乡村振兴局印发《数字乡村发展行动计划（2022—2025年）》。

1月　《中国网信》杂志创刊。经国家新闻出版署批准，原《网络传播》（CN11-5159/G2）期刊更名为《中国网信》（CN10-1814/G2），由中央网信办主管、中国网络空间研究院主办。

2月11日　教育部、中央网信办、工业和信息化部、公安部、市场监管总局发布《关于加强普通高等学校在线开放课程教学管理的若干意见》。

2月17日　国家发展改革委、中央网信办、工业和信息化部、国家能源局联合印发通知，同意在京津冀、长三角、粤港澳大湾区、成渝、内蒙古、贵州、甘肃、宁夏八地启动建设国家算力枢纽节点，并规划了10个国家数据中心集群。

2月28日—4月2日　联合国人权理事会第49届会议云上边会以线上线下结合的方式举行。中国网络社会组织联合会、中国人权发展基金会共同主办"消除数字鸿沟　促进人权保障"视频边会。

3月1日　最高人民法院发布《最高人民法院关于审理网络消费纠纷案件适用法律若干问题的规定（一）》，自2022年3月15日起施行。

3月14日　国家计算机病毒应急处理中心发布美国国家安全局开发的网络武器"NOPEN"技术分析报告。

3月17日　国务院新闻办公室举行2022年"清朗"系列专项行动新闻发布会。2022年"清朗"系列专项行动包括"清朗·2022年算法综合治理""清朗·打击网络直播、短视频领域乱象""清朗·网络暴力专项治理行动""清朗·2022年暑期未成年人网络环境整治""清朗·打击网络谣言和虚假信息""清朗·移动互联网应用程序领域乱象整治"等。

3月17日　中央网信办主办的"踔厉奋发新时代　笃行不怠向未来"2022年网上重大主题宣传启动。

3月25日　国家互联网信息办公室、国家税务总局、国家市场监督管理总局联合发布《关于进一步规范网络直播营利行为促进行业健康发展的意见》。

3月28日　国家智慧教育公共服务平台正式上线。

4月8日　工业和信息化部、公安部、交通运输部、应急管理部、国家市场监督管理总局五部门联合印发《关于进一步加强新能源汽车企业安全体系建设的指导意见》，在网络安全、数据安全以及个人信息安全方面对企业作出相关要求。

4月14日 工业和信息化部发布《关于组织开展2022年大数据产业发展试点示范项目申报工作的通知》。

4月19日 习近平主持召开中央全面深化改革委员会第二十五次会议时强调，要全面贯彻网络强国战略，把数字技术广泛应用于政府管理服务，推动政府数字化、智能化运行，为推进国家治理体系和治理能力现代化提供有力支撑。

4月21日 习近平在博鳌亚洲论坛2022年年会开幕式上的主旨演讲中，首次提出全球安全倡议，呼吁国际社会共同应对包括网络安全问题在内的全球性问题。

4月22日 中央网信办、国家发展改革委、工业和信息化部联合印发《深入推进IPv6规模部署和应用2022年工作安排》，此后每年印发当年工作安排。

4月26日 中国电信、中国联通全球率先在深圳等城市开通5G网络。

4月28日 国家市场监督管理总局公布《网络市场监管与服务示范区创建管理办法（试行）》，自公布之日起施行。

4月28日 2022"好评中国"网络评论大赛正式启动，面向全国征集参赛作品，至2024年已举办三届。

4月 中共中央办公厅、国务院办公厅印发《关于加强打击治理电信网络诈骗违法犯罪工作的意见》。

5月7日 中央文明办、文化和旅游部、国家广播电视总局、国家互联网信息办公室四部门发布《关于规范网络直播打赏 加强未成年人保护的意见》。

5月10日 民政部、中央政法委、中央网信办等九部门印发

《关于深入推进智慧社区建设的意见》。

5月24日 中国主持召开金砖国家网络安全工作组第八次会议，并推动各方通过《〈金砖国家网络安全务实合作路线图〉进展报告》。

5月24日 交通运输部发布《网络预约出租汽车监管信息交互平台运行管理办法》，自2022年7月1日起施行。

5月25日 《最高人民法院关于加强区块链司法应用的意见》发布。

6月5日 国家市场监督管理总局、国家互联网信息办公室联合发布《关于开展数据安全管理认证工作的公告》。

6月6日 《国务院关于加强数字政府建设的指导意见》印发。

6月8日 国家广播电视总局、文化和旅游部印发《网络主播行为规范》。

6月8日 在"中国＋中亚五国"外长第三次会晤期间，各方签署了《"中国＋中亚五国"数据安全合作倡议》。

6月9日 金砖国家第十二次经贸部长会议举行，达成《金砖国家数字经济伙伴关系框架》等成果文件。

6月23日 习近平在北京以视频方式主持金砖国家领导人第十四次会晤。会晤通过并发表《金砖国家领导人第十四次会晤北京宣言》，强调建立金砖国家关于确保信息通信技术使用安全的合作法律框架的重要性，认为应通过落实《金砖国家网络安全务实合作路线图》以及网络安全工作组工作，继续推进金砖国家务实合作。

6月23日 《国务院关于加强数字政府建设的指导意见》发布。

6月23日 网络安全审查办公室约谈同方知网（北京）技术有限公司负责人，对知网（CNKI）启动网络安全审查。

6月24日 十三届全国人大常委会第三十五次会议表决通过

《全国人民代表大会常务委员会关于修改〈中华人民共和国反垄断法〉的决定》，进一步明确了反垄断相关制度在平台经济领域中的适用规则，修订后的反垄断法自 2022 年 8 月 1 日起施行。

6 月 27 日 国家互联网信息办公室发布《互联网用户账号信息管理规定》，自 2022 年 8 月 1 日施行。

6 月 27 日 全国网络文明建设工作推进会在北京召开。

6 月 中国广电正式宣布启动 5G 网络服务。

7 月 5 日 中华人民共和国国家互联网信息办公室与泰王国国家网络安全办公室签署《关于网络安全合作的谅解备忘录》，双方同意进一步加强网络安全领域交流合作，维护网络空间稳定。

7 月 7 日 国家互联网信息办公室公布《数据出境安全评估办法》，自 2022 年 9 月 1 日起施行。

7 月 12 日 世界互联网大会国际组织在北京成立。习近平致贺信指出，成立世界互联网大会国际组织，是顺应信息化时代发展潮流、深化网络空间国际交流合作的重要举措。希望世界互联网大会坚持高起点谋划、高标准建设、高水平推进，以对话交流促进共商，以务实合作推动共享，为全球互联网发展治理贡献智慧和力量。习近平强调，网络空间关乎人类命运，网络空间未来应由世界各国共同开创。中国愿同国际社会一道，以此为重要契机，推动构建更加公平合理、开放包容、安全稳定、富有生机活力的网络空间，让互联网更好造福世界各国人民。

7 月 21 日 国家互联网信息办公室依据《中华人民共和国网络安全法》《中华人民共和国数据安全法》《中华人民共和国个人信息保护法》《中华人民共和国行政处罚法》等法律法规，作出网络安全审查相关行政处罚的决定，对滴滴全球股份有限公司处人民币 80.26

亿元罚款。

7月23日—24日 第五届数字中国建设峰会在福建福州举行，大会发布《数字中国发展报告（2021年）》。

7月29日 习近平在中央统战工作会议上的讲话中指出，要做好网络统战工作，走好网络群众路线。

7月29日 由工业和信息化部、山东省人民政府共同主办的2022中国算力（基础设施）大会在山东济南召开。2023年，会议在宁夏银川召开。

7月 中华人民共和国国家互联网信息办公室与印度尼西亚共和国国家网络与密码局签署网络安全合作行动计划，双方在2021年签署的《关于发展网络安全能力建设和技术合作的谅解备忘录》的基础上，进一步深化两国网络安全能力建设合作。

7月—8月 中央网信办等十四部门联合举办"2022年全民数字素养与技能提升月"活动。此后，该活动每年举行。

8月8日 中央网信办、农业农村部、工业和信息化部、市场监管总局印发《数字乡村标准体系建设指南》。

8月12日 国家互联网信息办公室发布《关于互联网信息服务算法备案信息的公告》，截至2024年4月，共发布六批境内互联网信息服务算法备案清单。

8月12日 科技部、教育部、工业和信息化部、交通运输部、农业农村部、国家卫生健康委六部门印发《关于加快场景创新以人工智能高水平应用促进经济高质量发展的指导意见》。

8月15日—9月23日 中国人民银行数字货币研究所和国际清算银行（香港）创新中心、香港金融管理局、泰国中央银行、阿联酋中央银行在多边央行数字货币桥平台上首次成功完成了基于四个国家或地区数字货币的真实交易试点测试。来自中国内地、中国香港，泰国和阿联酋的 20 家商业银行基于货币桥平台为其客户完成了逾 160 笔以跨境贸易为主的多场景支付结算业务，实现了数字人民币在跨境领域的突破。

8 月 18 日 根据《数字经济伙伴关系协定》（DEPA）联合委员会的决定，中国加入 DEPA 工作组正式成立，全面推进中国加入 DEPA 的谈判。

8 月 22 日 工业和信息化部、国家发展改革委、财政部、生态环境部、住房和城乡建设部、国务院国资委、国家能源局七部门联合发布《信息通信行业绿色低碳发展行动计划（2022—2025 年）》。

8 月 24 日 中央网信办组织召开 2022 年全国深入推进 IPv6 规模部署和应用工作推进会议。此后，该会议每年举行。

8 月 28 日—29 日 第二届中国网络文明大会在天津举行，发布《共建网络文明天津宣言》，举办"新时代中国网络文明建设成果展"。本次大会以"弘扬时代新风　建设网络文明"为主题。

8 月 30 日 最高人民法院、最高人民检察院、公安部联合发布《关于办理信息网络犯罪案件适用刑事诉讼程序若干问题的意见》，自 2022 年 9 月 1 日起施行。

8 月 31 日 国家互联网信息办公室发布《数据出境安全评估申报指南（第一版）》，对数据出境安全评估申报方式、申报流程、申报材料等具体要求作出说明。

9 月 1 日 二十国集团数字经济部长会议在印度尼西亚巴厘岛举行。中国政府代表积极参与数字互联互通、数字素养、数据流动等多项议题讨论，围绕加强数字领域产业组织合作、开展信息通信技术人才培养、加强数字技术创新应用提出务实合作举措。

9月2日 十三届全国人大常委会第三十六次会议表决通过《中华人民共和国反电信网络诈骗法》，自 2022 年 12 月 1 日起施行。

9月2日 国家互联网信息办公室、工业和信息化部、国家市场监督管理总局联合发布《互联网弹窗信息推送服务管理规定》，自 2022 年 9 月 30 日起施行。

9月5日 国家计算机病毒应急处理中心和 360 公司分别发布了关于西北工业大学遭受境外网络攻击的调查报告，发现美国国家安全局下属的"特定入侵行动办公室"多年来对我国国内的网络目标实施了上万次的恶意网络攻击，控制了数以万计的网络设备，窃取了超过 140GB 的高价值数据。

9月5日 首批国家网络安全教育技术产业融合发展试验区授牌，分别为安徽省合肥高新技术产业开发区、北京市海淀区、陕西省西安市雁塔区、湖南省长沙高新技术产业开发区、山东省济南高新技术产业开发区。

10月4日 由中央广播电视总台、中央网信办和中央军委政治工作部联合出品的思想解读类融媒体特别节目《追光》正式播出。

10月16日—22日 中国共产党第二十次全国代表大会举行。党的二十大报告指出，我国网络生态持续向好，意识形态领域形势发生全局性、根本性转变。要加强全媒体传播体系建设，塑造主流舆论新格局。健全网络综合治理体系，推动形成良好网络生态。加快建设制造强国、质量强国、航天强国、交通强国、网络强国、数字中国。

10月25日 工业和信息化部印发《网络产品安全漏洞收集平台备案管理办法》，自 2023 年 1 月 1 日起施行。

10月30日 十三届全国人大常委会第三十七次会议修订《中华人民共和国妇女权益保障法》，针对利用网络侵犯女性权益行为提出明确要求，自 2023 年 1 月 1 日起施行。

11 月 2 日 中央网信办印发《关于切实加强网络暴力治理的通知》。

11 月 3 日 中国科学技术协会、俄罗斯科学工程协会联合会、黑龙江省人民政府联合举办"中俄数字经济高峰论坛"。

11 月 4 日 国家市场监督管理总局、国家互联网信息办公室联合发布《关于实施个人信息保护认证的公告》。

11 月 7 日 国务院新闻办公室发布《携手构建网络空间命运共同体》白皮书。

11 月 7 日 国家市场监管总局标准技术司、中央网信办网络安全协调局、公安部网络安全保卫局联合召开我国第一项关键信息基础设施安全保护国家标准《信息安全技术 关键信息基础设施安全保护要求》发布会，相关国家标准自 2023 年 5 月 1 日起正式施行。

11 月 9 日—11 日 2022 年世界互联网大会乌镇峰会举行。习近平致贺信指出，面对数字化带来的机遇和挑战，国际社会应加强对话交流、深化务实合作，携手构建更加公平合理、开放包容、安全稳定、富有生机活力的网络空间。强调中国愿同世界各国一道，携手走出一条数字资源共建共享、数字经济活力迸发、数字治理精准高效、数字文化繁荣发展、数字安全保障有力、数字合作互利共赢的全球数字发展道路，加快构建网络空间命运共同体，为世界和平发展和人类文明进步贡献智慧和力量。本届大会主题为"共建网络世界 共创数字未来——携手构建网络空间命运共同体"。

11 月 16 日 习近平在二十国集团领导人第十七次峰会上就推动全球数字化合作提出三点"坚持"：坚持多边主义，加强国际合作；坚持发展优先，弥合数字鸿沟；坚持创新驱动，助力疫后复苏。会上，中国提出《二十国集团数字创新合作行动计划》。

11 月 16 日　国家互联网信息办公室发布新修订的《互联网跟帖评论服务管理规定》，自 2022 年 12 月 15 日起施行。2017 年 8 月 25 日公布的《互联网跟帖评论服务管理规定》同时废止。

11 月 20 日　工业互联网标识解析体系"5+2"国家顶级节点全面建成。

11 月 22 日—23 日　亚太经合组织数字能力建设研讨会在江苏扬州举办。

11 月 25 日　国家互联网信息办公室、工业和信息化部、公安部联合发布《互联网信息服务深度合成管理规定》，自 2023 年 1 月 10 日起施行。

11 月 30 日　《工业和信息化部　国家互联网信息办公室关于进一步规范移动智能终端应用软件预置行为的通告》发布。

11 月 30 日　交通运输部、工业和信息化部、公安部、商务部、市场监管总局、国家互联网信息办公室六部门公布新修改的《网络预约出租汽车经营服务管理暂行办法》，自公布之日起施行。

12 月 1 日　中央网信办秘书局、中国证监会办公厅联合印发《非法证券活动网上信息内容治理工作方案》。

12 月 2 日　《中共中央　国务院关于构建数据基础制度更好发挥数据要素作用的意见》印发，从数据产权、流通交易、收益分配、安全治理四个方面提出二十条政策举措，初步搭建了中国数据基础制度体系。

12 月 8 日　工业和信息化部印发《工业和信息化领域数据安全管理办法（试行）》，自 2023 年 1 月 1 日起施行。该办法指导工业和信息化领域数据处理者规范数据处理活动，加强数据安全保护。

12 月 9 日 习近平出席首届中国—海湾阿拉伯国家合作委员会峰会，提出未来 3 至 5 年中海合作五大重点领域。其中包括加强 5G 和 6G 技术合作，共建一批创新创业孵化器，围绕跨境电商合作和通信网络建设等领域实施 10 个数字经济项目。

12 月 9 日 中华人民共和国和沙特阿拉伯王国发布联合声明，强调双方应加强通信、数字经济领域合作。两国签署《数字经济领域合作谅解备忘录》等成果文件。

12 月 14 日 中共中央、国务院发布《扩大内需战略规划纲要（2022—2035 年）》，提出全面提升信息技术产业核心竞争力，推动人工智能、先进通信、集成电路、新型显示、先进计算等技术创新和应用。

12 月 16 日 全国信息安全标准化技术委员会秘书处发布《网络安全标准实践指南——个人信息跨境处理活动安全认证规范 V2.0》。

12 月 27 日 联合国经济及社会理事会正式授予中国网络社会组织联合会特别咨商地位。

12 月 中共中央、国务院印发《数字中国建设整体布局规划》，提出了数字中国建设"2522"的整体布局框架。规划指出，建设数字中国是数字时代推进中国式现代化的重要引擎，是构筑国家竞争新优势的有力支撑。加快数字中国建设，对全面建设社会主义现代化国家、全面推进中华民族伟大复兴具有重要意义和深远影响。

本年 中央网信办、教育部、工业和信息化部、人力资源社会保障部联合印发《2022 年提升全民数字素养与技能工作要点》，此后每年印发工作要点。

二〇二三年

1月3日 工业和信息化部、国家互联网信息办公室、国家发展和改革委员会等十六部门发布《关于促进数据安全产业发展的指导意见》，加快推动数据安全产业高质量发展。

1月5日 中央网信办（国家网信办）数据与技术保障中心成立。

1月18日 中央网信办启动"清朗·2023年春节网络环境整治"专项行动。2023年"清朗"系列专项行动还包括"清朗·从严整治'自媒体'乱象""清朗·优化营商网络环境　保护企业合法权益""清朗·规范重点流量环节网络传播秩序""清朗·成都大运会网络环境整治""清朗·杭州亚运会和亚残运会网络环境整治""清朗·生活服务类平台信息内容整治""清朗·网络戾气整治""清朗·整治短视频信息内容导向不良问题"等。

1月18日 工业和信息化部等十七部门印发《"机器人+"应用行动实施方案》。

1月31日 二十届中共中央政治局就加快构建新发展格局进行第二次集体学习。习近平在主持学习时强调，要继续把发展经济的着力点放在实体经济上，扎实推进新型工业化，加快建设制造强国、质量强国、网络强国、数字中国，打造具有国际竞争力的数字产业集群。

1月　工业和信息化部印发《关于电信设备进网许可制度若干改革举措的通告》。

2月13日—14日　教育部、中国联合国教科文组织全国委员会共同在北京举办首届世界数字教育大会，主题为"数字变革与教育未来"。会议发布了中国智慧教育蓝皮书和智慧教育发展指数、智慧教育平台标准规范，发起成立世界数字教育联盟倡议、世界数字教育发展全体倡议。2024年1月29日至31日，2024世界数字教育大会在上海召开，主题为"数字教育：应用、共享、创新"。

2月17日　中央网信办主办的"团结奋进新征程　奋楫扬帆再出发"2023年网上重大主题宣传和重大议题设置发布启动仪式在北京举行。

2月20日　全国首个人工智能公共算力服务平台在上海揭牌启用。

2月21日　二十届中共中央政治局就加强基础研究进行第三次集体学习。习近平在主持学习时强调，加强基础研究，是实现高水平科技自立自强的迫切要求，是建设世界科技强国的必由之路。

2月21日　外交部发布《全球安全倡议概念文件》。提出深化信息安全领域国际合作，加强人工智能等新兴科技领域国际安全治理，预防和管控潜在安全风险。

2月22日　国家互联网信息办公室公布《个人信息出境标准合同办法》，自2023年6月1日起施行。

2月23日—24日　由工业和信息化部、四川省人民政府主办的2023年中国网络和数据安全产业高峰论坛在四川成都举办。

2月25日　国家市场监督管理总局公布《互联网广告管理办法》，自2023年5月1日起施行。

2 月 27 日　中国证监会公布《证券期货业网络和信息安全管理办法》，自 2023 年 5 月 1 日起施行。

2 月 27 日　中央网信办等十三部门印发《关于印发全民数字素养与技能培训基地名单的通知》，联合评选认定 78 家全民数字素养与技能培训基地。

3 月 10 日　国家市场监督管理总局公布《经营者集中审查规定》，将数据权益、平台规则等纳入规定，自 2023 年 4 月 15 日起施行。2020 年 10 月 23 日公布的《经营者集中审查暂行规定》同时废止。

3 月 10 日　十四届全国人大一次会议审议批准了关于国务院机构改革方案，决定组建国家数据局，负责协调推进数据基础制度建设，统筹数据资源整合共享和开发利用，统筹推进数字中国、数字经济、数字社会规划和建设等，由国家发展和改革委员会管理。10 月 25 日，国家数据局在北京正式挂牌。

3 月 15 日　国家市场监督管理总局、中央网络安全和信息化委员会办公室、工业和信息化部、公安部四部门联合印发《关于开展网络安全服务认证工作的实施意见》。

3 月 16 日　国务院新闻办公室发布《新时代的中国网络法治建设》白皮书。

3 月 18 日　国家互联网信息办公室公布《网信部门行政执法程序规定》，自 2023 年 6 月 1 日起施行。

3 月 20 日　人力资源社会保障部办公厅、中央网信办秘书局、工业和信息化部办公厅发布《数据安全工程技术人员国家职业标准》。

3 月 21 日　中国与俄罗斯共同发表《中华人民共和国和俄罗斯联邦关于深化新时代全面战略协作伙伴关系的联合声明》，认为应制定信息网络空间新的、负责任的国家行为准则，特别是普遍性国际法律文书。强调中方《全球数据安全倡议》和俄方关于国际信息安全公约的概念文件将为相关准则制定作出重要贡献。

3月31日 全球首个商用海底数据中心首舱在海南下水。

3月31日 网络安全审查办公室发布《关于对美光公司在华销售产品启动网络安全审查的公告》。5月21日，网络安全审查办公室依法作出不予通过网络安全审查的结论。审查认定，美光公司产品存在较严重网络安全问题隐患，对我国关键信息基础设施供应链造成重大安全风险，影响我国国家安全。按照《中华人民共和国网络安全法》等法律法规，我国关键信息基础设施的运营者应停止采购美光公司产品。

3月31日 中央网信办秘书局、民政部办公厅联合印发《关于规范网络祭扫秩序 倡导文明新风尚的通知》。

4月11日 中国网络安全产业联盟发布《美国情报机构网络攻击的历史回顾——基于全球网络安全界披露信息分析》报告。

4月12日 国家互联网信息办公室、工业和信息化部、公安部、财政部、国家认证认可监督管理委员会发布《关于调整网络安全专用产品安全管理有关事项的公告》。

4月17日 中央网信办在北京召开全国网络举报工作会议。

4月18日 最高人民检察院印发《关于加强新时代检察机关网络法治工作的意见》。

4月20日 工业和信息化部、中央网络安全和信息化委员会办公室、国家发展和改革委员会、教育部、交通运输部、中国人民银行、国务院国有资产监督管理委员会、国家能源局八部门联合印发《工业和信息化部等八部门关于推进IPv6技术演进和应用创新发展的实施意见》。

4月22日　由中央网信办、人民日报社、江苏省委网信委主办的2023中国网络媒体论坛在江苏南京举行，论坛以"建设全媒体传播体系，塑造主流舆论新格局"为主题。

4月27日　国务院公布修订后的《商用密码管理条例》，明确促进商用密码科技创新与标准化建设、进出口管理等制度，自2023年7月1日起施行。

4月27日—28日　第六届数字中国建设峰会在福建福州举行。峰会发布的《数字中国发展报告（2022年）》显示，2022年我国数字经济规模达50.2万亿元，总量稳居世界第二，同比名义增长10.3%，占国内生产总值比重提升至41.5%，数字经济成为稳增长促转型的重要引擎。

4月28日　习近平在主持二十届中共中央政治局会议时指出，要重视通用人工智能发展，营造创新生态，重视防范风险。

5月4日　国家计算机病毒应急处理中心发布《"黑客帝国"调查报告——美国中央情报局（CIA）（之一）》。

5月17日　中国互联网治理论坛（China IGF）向联合国秘书长技术事务特使办公室提交了关于《全球数字契约》的建言，提出"支持数字技术包容发展""保持互联网核心资源的中立性""保持数字接入技术的通用性"等具体建议。

5月17日　工业和信息化部在新疆启动全球首个5G异网漫游试商用。2024年5月17日，工业和信息化部部署启动5G异网漫游商用推广。

5月18日—19日　中国—中亚峰会在陕西西安召开，习近平出席并主持峰会。会议发布《中国—中亚峰会西安宣言》，强调各方支持在《全球数据安全倡议》框架内构建和平、开放、安全、合作、有序的网络空间，共同落实好《"中国—中亚五国"数据安全合作倡议》。

5月23日 我国首个区块链技术领域的国家标准《区块链和分布式记账技术 参考架构》正式发布。

5月25日 外交部发布《中国关于全球数字治理有关问题的立场》。

5月30日 习近平主持召开二十届中央国家安全委员会第一次会议。会议强调，国家安全工作要贯彻落实党的二十大决策部署，切实做好维护政治安全、提升网络数据人工智能安全治理水平、加快建设国家安全风险监测预警体系、推进国家安全法治建设、加强国家安全教育等方面工作。

5月30日 国家互联网信息办公室公布《个人信息出境标准合同备案指南（第一版）》。

5月31日 中央网信办召开专题座谈会，学习贯彻习近平总书记关于优化营商环境的重要指示批示精神，听取部分企业代表对优化营商网络环境的意见建议。

6月20日 国家互联网信息办公室发布第一批境内深度合成服务算法备案清单，包含41则深度合成服务算法备案信息。截至2024年4月，共发布五批境内深度合成服务算法备案清单。

6月20日—21日 国家互联网信息办公室在黑龙江哈尔滨举办亚太经合组织数字化绿色化协同转型发展研讨会。

6月26日 世界互联网大会数字文明尼山对话在山东曲阜开幕，主题为"人工智能时代：构建交流、互鉴、包容的数字世界"。这是世界互联网大会国际组织成立后首次举办的专题性活动。大会发布了《世界互联网大会爱（AI）公益行动计划（2023—2025年）》。

6月29日 中国移动在上海正式发布6G公共试验验证平台。

6 月 29 日 国家互联网信息办公室与香港特区政府创新科技及工业局签署《关于促进粤港澳大湾区数据跨境流动的合作备忘录》。

6 月 30 日 网络综合治理体系基本建成总结会在北京召开。会议指出,各地各有关部门按期完成 2022 年底基本建成网络综合治理体系的任务目标,基本建成互联网领导管理、正能量传播、网络内容管控、社会协同治理、网络法治、技术治网六大体系,推动实现互联网由"管"到"治"的根本转变,进一步丰富完善了中国特色治网之道,形成了丰富的理论成果、实践成果、制度成果。

7 月 2 日 工业和信息化部、国家金融监督管理总局发布《关于促进网络安全保险规范健康发展的意见》。

7 月 3 日 国家互联网信息办公室会同工业和信息化部、公安部、国家认证认可监督管理委员会四部门更新《网络关键设备和网络安全专用产品目录》,自印发之日起施行。

7 月 5 日 中央网信办秘书局发布《关于加强"自媒体"管理的通知》,从信息来源标注、营利权限开通条件、粉丝数量管理等 13 个方面进行精准治理,划清"自媒体"运营底线,健全账号管理规则,引导平台精细化管理和"自媒体"从业者合规运营。

7 月 9 日 由中央网信办、国家文物局、人民日报社、陕西省委网信委联合指导的"盛世中华 何以中国"网上主题宣传在陕西西安启动。

7 月 10 日 国家互联网信息办公室、国家发展和改革委员会、教育部、科学技术部、工业和信息化部、公安部、国家广播电视总局七部门联合公布《生成式人工智能服务管理暂行办法》,自 2023 年 8 月 15 日起施行。

7 月 14 日—15 日 全国网络安全和信息化工作会议召开。

习近平作出重要指示强调，新时代新征程，网信事业的重要地位作用日益凸显。要以新时代中国特色社会主义思想为指导，全面贯彻落实党的二十大精神，深入贯彻党中央关于网络强国的重要思想，切实肩负起举旗帜聚民心、防风险保安全、强治理惠民生、增动能促发展、谋合作图共赢的使命任务，坚持党管互联网，坚持网信为民，坚持走中国特色治网之道，坚持统筹发展和安全，坚持正能量是总要求、管得住是硬道理、用得好是真本事，坚持筑牢国家网络安全屏障，坚持发挥信息化驱动引领作用，坚持依法管网、依法办网、依法上网，坚持推动构建网络空间命运共同体，坚持建设忠诚干净担当的网信工作队伍，大力推动网信事业高质量发展，以网络强国建设新成效为全面建设社会主义现代化国家、全面推进中华民族伟大复兴作出新贡献。

7月18日 2023年中国网络文明大会在福建厦门举行，本次大会以"网聚文明力量 奋进伟大征程"为主题，发布《中国网络文明发展报告2023》《新时代青少年网络文明公约》等网络文明建设成果。

7月18日 工业和信息化部、国家标准化管理委员会修订印发《国家车联网产业标准体系建设指南（智能网联汽车）（2023版）》。

7月21日 《工业和信息化部关于开展移动互联网应用程序备案工作的通知》发布。

7月24日 二十届中共中央政治局召开会议，分析研究当前经济形势，部署下半年经济工作。习近平主持会议。会议指出，要大力推动现代化产业体系建设，加快培育壮大战略性新兴产业、打造更多支柱产业。要推动数字经济与先进制造业、现代服务业深度融合，促进人工智能安全发展。要推动平台企业规范健康持续发展。

7月 《习近平总书记关于网络强国的重要思想概论》出版发行。该书由中央网络安全和信息化委员会办公室组织编写，人民出版社出版。该书共分10个专题，从推进网络强国建设的强大思想武器和科学行动指南、努力把我国建设成为网络强国、加强党对网信工作的全面领导等方面，对习近平总书记关于网络强国的重要思想的核心要义、精神实质、丰富内涵、实践要求作了阐释。

8月1日 财政部印发《企业数据资源相关会计处理暂行规定》，自2024年1月1日起施行。

8月1日 由中央军委政治工作部、中央广播电视总台、中央网信办联合出品的思想解读类融媒体片《逐梦》正式播出。

8月1日 工业和信息化部首次组织开展"数安护航"专项行动，加快推进《中华人民共和国数据安全法》《工业和信息化领域数据安全管理办法（试行）》落地实施，指导行业数据处理者加强重大数据安全风险防范和处置。

8月7日 文化和旅游部、中央宣传部、中央网信办、中央外办、外交部、教育部、公安部、民政部、国务院国资委、市场监管总局十部门联合印发《关于进一步加强论坛活动规范管理的通知》。

8月10日 《国家认监委关于修订网络关键设备和网络安全专用产品安全认证实施规则的公告》发布。

8月25日 国家金融监督管理总局、中国人民银行、中国证券监督管理委员会、国家互联网信息办公室、国家外汇管理局联合发布《关于规范货币经纪公司数据服务有关事项的通知》。

8月31日 中央网络安全和信息化委员会办公室印发《关于进一步加强网络侵权信息举报工作的指导意见》。

8月 中央网信办公布《网站平台受理处置涉企网络侵权信息举

报工作规范》。

9月1日 国家互联网信息办公室对知网依法作出网络安全审查相关行政处罚的决定，责令停止违法处理个人信息行为，并处人民币5000万元罚款。

9月4日 习近平向2023中国国际智能产业博览会致贺信指出，中国高度重视数字经济发展，持续促进数字技术和实体经济深度融合，协同推进数字产业化和产业数字化，加快建设网络强国、数字中国。

9月6日 中央网信办复函福州市委，支持福州市创建国家网络安全人才与创新（福州）基地。

9月14日 中央网信办召开学习宣传贯彻习近平总书记关于网络强国的重要思想理论研讨会。

9月19日 中央网信办违法和不良信息举报中心组织第十批405家网站平台向社会统一公布举报受理方式。

9月20日 最高人民法院、最高人民检察院、公安部联合印发《关于依法惩治网络暴力违法犯罪的指导意见》，自公布之日起施行。

9月22日 中央网信办在北京召开全国网络辟谣联动机制第一次全体会议。

10月7日 全国宣传思想文化工作会议召开。会议认为，习近平在新时代文化建设方面的新思想新观点新论断，内涵十分丰富、论述极为深刻，是新时代党领导文化建设实践经验的理论总结，丰富和发展了马克思主义文化理论，构成了习近平新时代中国特色社会主义思想的文化篇，形成了习近平文化思想。

10月8日 工业和信息化部、中央网络安全和信息化委员会办公室、教育部、国家卫生健康委员会、中国人民银行、国务院国有资产监督管理委员会六部门联合印发《算力基础设施高质量发展行动计划》，从计算力、运载力、存储力以及应用赋能四个方面提出了到 2025 年发展量化指标。

10 月 16 日 国务院发布《未成年人网络保护条例》，自 2024 年 1 月 1 日起施行。10 月 31 日，中央网信办举办《未成年人网络保护条例》普法宣传活动启动仪式暨公布实施座谈会。

10 月 18 日 习近平出席第三届"一带一路"国际合作高峰论坛开幕式，并在主旨演讲中宣布中方将提出《全球人工智能治理倡议》，这是中方积极践行人类命运共同体理念，落实全球发展倡议、全球安全倡议、全球文明倡议的具体行动。《全球人工智能治理倡议》围绕人工智能发展、安全、治理三方面系统阐述了人工智能治理中国方案。

10 月 20 日—21 日 首届全国数字乡村创新大赛决赛及颁奖仪式在四川德阳举行。大赛以"数字赋能乡村振兴 创新引领乡村未来"为主题。

10 月 24 日 十四届全国人大常委会第六次会议通过《中华人民共和国爱国主义教育法》，明确网络信息服务提供者制作、传播体现爱国主义精神的网络信息和作品等义务，自 2024 年 1 月 1 日起施行。

10 月 26 日—28 日 第二届北斗规模应用国际峰会在湖南株洲举行。

11 月 2 日 中共中央组织部、中共中央社会工作部、中央网信办、中央编办、交通运输部、市场监管总局、国家邮政局、中华全国总工会、共青团中央、全国妇联十部委联合印发《关于加强新业态、新就业群体党的建设工作的意见》。

11月8日—10日 2023年世界互联网大会乌镇峰会举行。习近平向开幕式发表视频致辞，强调要深化交流、务实合作，共同推动构建网络空间命运共同体迈向新阶段。习近平在致辞中首次提出"三个倡导"：倡导发展优先，构建更加普惠繁荣的网络空间；倡导安危与共，构建更加和平安全的网络空间；倡导文明互鉴，构建更加平等包容的网络空间。本届大会主题为"建设包容、普惠、有韧性的数字世界——携手构建网络空间命运共同体"。峰会期间，发布了《发展负责任的生成式人工智能研究报告及共识文件》《跨境电子商务国际规则体系发展研究报告》。

11月16日—17日 习近平出席亚太经合组织第三十次领导人非正式会议。会议期间发布《2023年亚太经合组织领导人旧金山宣言》，提出加快落实《亚太经合组织互联网和数字经济路线图》，为所有人打造包容性的数字经济。

12月8日 由国家互联网信息办公室指导，广东省人民政府、香港特别行政区政府、澳门特别行政区政府联合主办的第二届数字政府建设峰会暨"数字湾区发展论坛"在广东广州举行。

12月10日 国家互联网信息办公室与香港特区政府创新科技及工业局联合公布《粤港澳大湾区（内地、香港）个人信息跨境流动标准合同实施指引》。

12月11日—12日 中央经济工作会议举行。习近平发表重要讲话强调，要以科技创新推动产业创新，特别是以颠覆性技术和前沿技术催生新产业、新模式、新动能，发展新质生产力。要大力推进新型工业化，发展数字经济，加快推动人工智能发展。打造生物制造、商业航天、低空经济等若干战略性新兴产业，开辟量子、生命科学等未来产业新赛道，广泛应用数智技术、绿色技术，加快传统产业转型升级。

12月17日　交通运输部公布《铁路关键信息基础设施安全保护管理办法》，自2024年2月1日起施行。

12月18日　中央网络安全和信息化委员会印发《关于防治"指尖上的形式主义"的若干意见》。

12月19日　工业和信息化部、国家标准化管理委员会印发《工业领域数据安全标准体系建设指南（2023版）》。

12月25日　国家发展改革委、国家数据局、中央网信办、工业和信息化部、国家能源局联合发布《关于深入实施"东数西算"工程加快构建全国一体化算力网的实施意见》。

12月28日　人力资源社会保障部办公厅印发《关于推进直播带岗在就业公共服务领域应用的通知》。

12月29日　十四届全国人大常委会第七次会议修订通过《中华人民共和国慈善法》，明确互联网公开募捐和个人通过网络平台求助行为规范。

12月31日　国家数据局、中央网信办等十七部门联合印发《"数据要素×"三年行动计划（2024—2026年）》。

12月31日　财政部印发《关于加强数据资产管理的指导意见》。

12月　《网络强国学习辅导》出版发行。该书由中国网络空间研究院、《中国网信》杂志编著，学习出版社出版。《网络强国学习辅导》旨在对习近平总书记关于网络强国的重要思想进行通俗化、大众化、普及化阐释，推动广大干部群众深刻领会习近平总书记关于网络强国的重要思想的核心要义、精神实质、丰富内涵、实践要求，为广大领导干部学网、懂网、用网提供有益参考，切实将理论学习转化为干事创业的强大动力。

二〇二四年

1月11日 国家标准化管理委员会批准合并全国信息安全标准化技术委员会和全国保密标准化技术委员会，组建全国网络安全标准化技术委员会。

1月18日 工业和信息化部、教育部、科技部、交通运输部、文化和旅游部、国务院国资委、中国科学院七部门发布《关于推动未来产业创新发展的实施意见》。

1月28日 由中央网信办、国家文物局、人民日报社、福建省委网信委联合指导的"何以中国·向海泉州"网络主题活动在福建泉州举办。

1月29日 中央网信办启动"清朗·2024年春节网络环境整治"专项行动。2024年"清朗"系列专项行动还包括"清朗·优化营商网络环境—整治涉企侵权信息乱象""清朗·打击违法信息外链""清朗·整治'自媒体'无底线博流量""清朗·网络直播领域虚假和低俗乱象整治""清朗·规范生成合成内容标识""清朗·2024年暑期未成年人网络环境整治""清朗·规范网络语言文字使用""清朗·整治违规开展互联网新闻信息服务""清朗·同城版块信息内容问题整治"等。

1月31日 二十届中共中央政治局就扎实推进高质量发展进行第十一次集体学习。习近平在主持学习时强调，要围绕推进新型工业化和加快建设制造强国、质量强国、网络强国、数字中国和农业强国等战略任务，科学布局科技创新、产业创新。要大力发展数字经济，促进数字经济和实体经济深度融合，打造具有国际竞争力的数字产业集群。

1月 国务院学位委员会第八届学科评议组、全国专业学位研究生教育指导委员会编修发布了《研究生教育学科专业简介及其学位基本要求（试行版）》，正式将网络与信息法学列为法学二级学科。

2月23日 工业和信息化部印发《工业领域数据安全能力提升实施方案（2024—2026年）》，体系化推进工业领域数据安全工作。

2月27日 十四届全国人大常委会第八次会议修订通过《中华人民共和国保守国家秘密法》，自2024年5月1日起施行。该法规定，网络运营者应当加强对其用户发布的信息的管理，配合监察机关、保密行政管理部门、公安机关、国家安全机关对涉嫌泄露国家秘密案件进行调查处理；发现利用互联网及其他公共信息网络发布的信息涉嫌泄露国家秘密的，应当立即停止传输该信息，保存有关记录，向保密行政管理部门或者公安机关、国家安全机关报告；应当根据保密行政管理部门或者公安机关、国家安全机关的要求，删除涉及泄露国家秘密的信息，并对有关设备进行技术处理。

2月27日 世界互联网大会国际组织在西班牙巴塞罗那举办"算力网络"专题论坛，论坛主题为"算力网络：智能网络赋能世界"。

2月 中共中央印发《党史学习教育工作条例》，强调要用好互联网技术和新媒体手段，通过党史网站（频道）、网上纪念馆以及微博、微信、短视频、移动客户端等网络平台，打造党史融媒体作品，增强党史学习教育吸引力感染力。

3月6日 习近平看望参加全国政协十四届二次会议的民革、科技界、环境资源界委员，并参加联组会。习近平在讲话中强调，要实现中国式现代化，互联网这一关必须要过。

3月6日 中央网信办、农业农村部、国家发展改革委、工业和信息化部、民政部、生态环境部、商务部、文化和旅游部、中国人民银行、市场监管总局、国家数据局联合印发《关于开展第二批国家数字乡村试点工作的通知》。

3月15日 国务院公布《中华人民共和国消费者权益保护法实施条例》，自2024年7月1日起施行。该条例细化对网络直播营销活动以及直播平台经营行为的监管，完善网络消费相关规定，明确经营者保护消费者个人信息的义务。

3月17日 网信发展教育平台建成上线，主要面向网信领域从业人员开展教育培训。此前，2020年8月11日，中央网信办在线学习平台建成上线，举办第一期网络培训班。

3月20日 全国网络安全标准化技术委员会（网安标委）第一次主任办公会在北京召开。4月2日，全国网络安全标准化技术委员会第一次全体会议召开。

3月22日 国家互联网信息办公室公布《促进和规范数据跨境流动规定》，自公布之日起施行。同日，国家互联网信息办公室发布《数据出境安全评估申报指南（第二版）》和《个人信息出境标准合同备案指南（第二版）》。

3月30日 由中央网信办、新华社、云南省委网信委主办的2024中国网络媒体论坛在云南昆明举行，论坛以"奋进新征程 担负新使命"为主题。

4月1日 2024年全国数据工作会议在北京召开。会议指出，要进一步健全数据基础制度、提升数据资源开发利用水平、以数字化赋能高质量发展、促进数据科技创新发展、优化数据基础设施布局、强化数据安全保障能力、提升数据领域国际合作水平。

4月2日 《国家互联网信息办公室关于发布生成式人工智能服务已备案信息的公告》发布，公开生成式人工智能服务已备案信息，引导大模型企业积极通过属地网信办履行备案程序。同时，对于已上线的生成式人工智能应用或功能，要求注明所使用已备案生成式人工智能服务的模型名称及备案号，进一步促进技术产业规范化发展。

4月2日 人力资源社会保障部、中共中央组织部、中央网信办、国家发展改革委、教育部、科技部、工业和信息化部、财政部、国家数据局九部门印发《加快数字人才培育支撑数字经济发展行动方案（2024—2026年）》，提出要紧贴数字产业化和产业数字化发展需要，用3年左右时间，扎实开展数字人才育、引、留、用等专项行动，增加数字人才有效供给，形成数字人才集聚效应。

4月8日 《工业和信息化部关于开展增值电信业务扩大对外开放试点工作的通告》发布。

4月11日 国家超算互联网平台正式上线。

4月11日 工业和信息化部印发《工业互联网安全分类分级管理办法》。

4月12日—13日 2024数字经济峰会在香港举行。峰会以"智创无限 成就可持续未来"为主题。

4月15日 财政部、国家互联网信息办公室印发《会计师事务所数据安全管理暂行办法》。

4月16日 世界互联网大会数字丝路发展论坛在陕西西安举行。论坛主题为"互联互通 共同繁荣",发布《世界互联网大会跨境电商实践案例集(2024年)》。

4月19日 中国人民解放军信息支援部队成立大会在北京举行。习近平向信息支援部队授予军旗并致训词,强调要努力建设一支强大的现代化信息支援部队。根据中央军委决定,新组建的信息支援部队由中央军委直接领导指挥,同时撤销战略支援部队番号,相应调整军事航天部队、网络空间部队领导管理关系。

4月25日 中央网信办在重庆召开全国网络举报工作会议暨一体化机制建设推进会。

4月25日 中央网信办召开涉企网络侵权举报工作座谈会。

4月26日 中央网信办组织召开数字化绿色化协同转型发展部际联席会议第二次会议。

4月 《中共中央办公厅 国务院办公厅关于健全新时代志愿服务体系的意见》发布,指出要加强志愿者个人信息保护和网络安全防护,引导和规范网上志愿服务活动,利用互联网创新服务方式。

4月 国家发展改革委办公厅、国家数据局综合司印发《数字经济2024年工作要点》。

4月 《中国网信年鉴2022》公开出版发行。该书由中国网络空间研究院编著,商务印书馆出版。